中国能源消费周期波动研究

吴利学 等◎著

A Study on
the Cyclical Fluctuations of
China's Energy Consumption

图书在版编目（CIP）数据

中国能源消费周期波动研究／吴利学等著．—北京：经济管理出版社，2018.4
ISBN 978-7-5096-5783-6

Ⅰ．①中… Ⅱ．①吴… Ⅲ．①能源消费—经济周期波动—研究—中国
Ⅳ．①F426.2

中国版本图书馆 CIP 数据核字（2018）第 077622 号

组稿编辑：梁植睿
责任编辑：梁植睿
责任印制：黄章平
责任校对：赵天宇

出版发行：经济管理出版社
　　　　　（北京市海淀区北蜂窝 8 号中雅大厦 A 座 11 层　100038）
网　　址：www.E-mp.com.cn
电　　话：（010）51915602
印　　刷：北京玺诚印务有限公司
经　　销：新华书店
开　　本：720mm×1000mm/16
印　　张：11.75
字　　数：187 千字
版　　次：2018 年 4 月第 1 版　2018 年 4 月第 1 次印刷
书　　号：ISBN 978-7-5096-5783-6
定　　价：49.00 元

·版权所有　翻印必究·
凡购本社图书，如有印装错误，由本社读者服务部负责调换。
联系地址：北京阜外月坛北小街 2 号
电　　话：（010）68022974　　邮编：100836

序

能源是现代经济增长不可或缺的要素，对各国经济发展都有决定性影响。与此同时，能源过度消费所带来的资源耗竭和环境问题，也给人类可持续发展带来了重大挑战。中华人民共和国成立以来，特别是改革开放以来，能源为中国经济的持续快速增长提供了重要的"动力支持"。然而，随着经济总量的迅速扩大和发展水平的不断提高，能源和环境问题对中国经济的影响也越来越突出。进入21世纪之后，快速增长的能源消费和较低的能源利用效率更是严重地制约了中国经济的持续、健康发展，提高能源利用效率、减少能源消费、降低环境污染和温室气体排放成为政策制定者和社会各界广泛关注的焦点。

尽管中国能源问题得到了国内外学者越来越多的关注，但目前经济学界和管理学界的研究主要还是集中在产业结构升级和节能技术利用方面，对能源消费与宏观经济关系，特别是能源消费短期波动的特征、机制、影响因素和应对措施的分析不够充分和完善，仍存在较多的不足与改进空间。近十几年来，我国宏观经济和能源供需形势都出现了新的趋势和特征，其内在运行机制也都发生了深刻变化。对能源消费短期波动问题的忽视是导致对能源运行趋势判断出现某些偏差、能源发展规划未能适时调整、重大能源突发事件应对能力不足等问题的重要原因。因此，除关于能源供需长期趋势的探讨外，加强对能源消费短期波动问题的深入研究也具有重要的理论和现实意义。

鉴于此，笔者组织中国社会科学院工业经济研究所部分青年研究人员和研究生申请了自然科学基金项目"中国能源消费周期波动研究"，首先，试图从总体能源消费的波动特征、与宏观经济波动关系和可能的影响因素等角

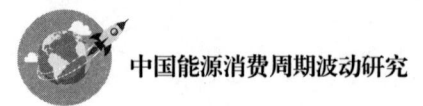

度入手，归纳中国能源消费短期波动的基本事实和典型特征；其次，在评价既有研究的基础上构建中国能源消费短期波动决定机制的理论模型；再次，利用中国宏观经济与能源运行的实际数据对模型进行实证估计和评价分析，确定模型分析显示的主要影响因素和有效预测方法，建立中国能源消费短期波动的实证模型；最后，我们将根据理论和实证研究结果，提出判断和应对能源消费短期波动的基本思路以及具体措施。

总体来看，我们大体上按原定项目计划开展了研究，并且取得较好的研究进展，基本上完成了预定研究目标。不过，由于主客观的原因，最初的研究设计中有部分目标没有实现。首先，研究过程中，我们发现多部门周期波动模型中引入资本利用强度的理论难度远远超乎预期，因而原计划中从资本利用强度角度研究能源效率与宏观经济波动的研究内容并没有能够完成。其次，国家统计局推迟了 2012 年投入产出表的发布，极大地影响了本项目的实证研究，尽管我们采用调整研究进度安排、寻找其他替代数据等办法，但还是导致本项目的核心研究部分进展推迟。此外，在研究过程中我们感觉到多部门波动模型研究本身可能比各部门能源效率波动分析更有理论和现实价值，与之相关的多部门增长模型的理论基础还有待深入探讨，于是课题组决定补充和强化这部分研究内容。因此，虽然本项目已经结项，但内容还不够完善，很多相关研究仍在进行中。

吴利学
2018 年 3 月

目 录

第一章　能源消费短期波动研究评述 …………………… 1
- 一、引言 ………………………………………………………… 1
- 二、能源消费短期波动研究的意义 …………………………… 2
- 三、国外研究发展的简要评述 ………………………………… 4
- 四、国内研究进展 ……………………………………………… 7
- 五、可能的扩展方向 …………………………………………… 10
- 六、结语 ………………………………………………………… 12
- 参考文献 ………………………………………………………… 13

第二章　中国能源消费与能源效率波动状况 ……………… 21
- 一、宏观经济与能源消费的关系 ……………………………… 21
- 二、宏观经济波动与能源消费波动的特点 …………………… 31
- 三、行业能源效率与产出波动的特征 ………………………… 36
- 四、能源消费、效率波动原因分析 …………………………… 56
- 五、总结与政策建议 …………………………………………… 63
- 参考文献 ………………………………………………………… 64

第三章　中国能源强度变化的轨迹及原因 ………………… 71
- 一、数据收集与分析 …………………………………………… 73

二、模型构建 ··· 75
三、能源强度变动的分解分析 ··· 76
四、结论与政策建议 ··· 80
参考文献 ·· 81

第四章 中国工业能源效率及其收敛性 ··· 83

一、引言 ·· 83
二、随机前沿模型的设计及样本说明 ··· 85
三、能源效率测算结果比较分析 ·· 87
四、收敛性分析 ··· 91
五、结论 ·· 96
参考文献 ·· 97

第五章 中国天然气补贴改革的"能源-经济-环境"影响 ················· 99

一、引言 ·· 99
二、文献综述 ··· 101
三、天然气补贴规模及补贴率的估算 ·· 104
四、模型构建及数据来源 ··· 105
五、政策模拟 ··· 113
六、研究结论及政策讨论 ··· 118
参考文献 ·· 120

附录 投入产出结构、行业异质性与中国经济波动 ························· 123

一、引言 ·· 123
二、文献综述 ·· 126
三、基本模型 ·· 128

四、校准与估计 ··· 133
五、外生冲击效应分析 ··· 141
六、模型机制分析 ··· 150
七、结论 ·· 156
参考文献 ·· 157
  附件1 完整模型 ·· 161
  附件2 稳态值计算 ·· 167
  附件3 模型的对数线性化 ·· 169
  附件4 稳健性检验 ·· 172

后 记 ··· 177

第一章

能源消费短期波动研究评述*

【摘　要】 能源消费既是"长期问题",又是"短期问题"。与产出等其他宏观经济变量类似,能源消费变化也同时包含长期趋势和短期波动两个方面,而且两者的基本特征和影响机制存在本质性差别。只有对长期趋势和短期波动做区分,才能更为准确地认识能源效率的影响因素及其决定机制。虽然中国能源问题已得到国内外学者越来越多的关注,但人们对其短期变化重视不足,尤其对于能源消费短期波动的特征、机制、影响因素和应对措施的分析不够充分和完善。本章在梳理国内外能源经济研究特别是能源效率研究发展脉络的基础上,阐述能源消费短期波动研究的理论和现实意义,评述能源消费波动相关研究的进展,并展望可能的发展方向。

一、引言

能源是现代经济增长不可或缺的要素,对各国经济发展都产生着决定性影响。与此同时,能源过度消费所带来的资源耗竭和环境问题,也给人类可持续发展带来了重大挑战。中华人民共和国成立以来,特别是改革开放以来,能源为中国经济的持续快速增长提供了重要的"动力支持"。然而,随着经济总量的迅速扩大和发展水平的不断提高,能源和环境问题对中国经济的影响也越来

---

* 本章以《能源消费研究评述——一个短期波动的视角》为题发表于《城市与环境研究》2017年第3期。有改动。

越突出。进入21世纪之后，快速增长的能源消费和较低的能源利用效率更是严重地制约了中国经济的持续、健康发展，提高能源利用效率、减少能源消费、降低环境污染和温室气体排放成为政策制定者和社会各界广泛关注的焦点。

从目前的研究视角和政策取向来看，能源效率问题研究的焦点主要集中在技术进步和产业结构升级两个方面。这无疑是提高能源效率的有效途径，对于中国节能减排具有重要的长期战略意义。但这仅仅涉及中国能源问题的一个侧面，因为能源消费既是"长期问题"，又是"短期问题"。与产出等其他宏观经济变量类似，能源消费的变化也同时包含长期趋势和短期波动两个方面，并且两者的基本特征和决定机制存在着本质性差别。从长期来看，经济发展阶段、资源禀赋和技术水平是决定各国能源消费路径的主要因素；而在短期内，技术水平和产业结构大体稳定，能源消费更多受宏观经济景气、能源价格波动、国家政策和突发性自然灾害等因素影响。

尽管中国能源问题得到了国内外学者越来越多的关注，但目前经济学界和管理学界的研究主要集中在产业结构升级和节能技术利用方面，对其短期变化重视不足，对能源消费与宏观经济关系，特别是能源消费短期波动的特征、机制、影响因素和应对措施的分析不够充分和完善，仍存在较多的不足与改进空间，尤其是对能源消费波动的内在机制研究基本处于空白领域状态。因此，本章在梳理国内外能源经济，特别是在能源效率研究发展脉络的基础上，阐述了能源消费短期波动研究的理论和现实意义，评述了能源消费波动相关研究的进展，并对可能的发展方向进行了展望。当然，能源消费是一个复杂的问题，除了经济周期之外，国际能源市场波动、国际政治经济关系、国内能源政策因素，以及能源技术进步等都会影响能源消费，特别是短期波动。本章仅从经济学，特别是经济周期角度评述能源消费的短期波动研究，以期为其他方面研究提供基础或借鉴。

二、能源消费短期波动研究的意义

能源消费也存在波动，而这种波动在某种假设不变的情景下，会导致能源效率出现波动。如果忽视能源效率的短期波动，那么会导致诸多提高能效的政策达不到预期效果。

近十多年来，我国宏观经济和能源供需形势都出现了新的趋势和特征，其内在运行机制也都发生了深刻变化。除经济总量扩张、产业结构重化、资源环境压力增大等影响能源消费的长期因素外，全球经济波动、国内经济运行、国际能源价格、重大自然灾害与政治事件等短期因素对中国宏观经济运行、能源行业发展和能源利用效率等领域的冲击越来越突出。反思我们应对东南亚金融危机、高耗能行业爆发式增长、南方大范围冰雪灾害、国际金融危机等一系列重大挑战的经验与教训，可以发现对能源消费短期波动问题的忽视是导致对能源行业运行趋势判断出现某些偏差、能源发展规划未能适时调整、重大能源突发事件应对能力不足等问题的重要原因。因此，除关于能源供需长期趋势的探讨外，加强对能源消费短期波动问题的深入研究也具有重要的理论和现实意义。

第一，能源消费的短期波动研究有助于制定和实施长期能源规划。区分能源消费的长期趋势和短期波动，特别是在长期分析中剔除能源消费变化的波动成分，有利于更为准确地把握能源消费的长期趋势，从而制定更为有效和稳健的长期能源发展战略。在能源战略实施的过程中，准确判断能源供需的短期波动因素，也可以摒除局部或临时随机冲击的干扰，减少不必要的争议与调整。鉴于中国能源供需矛盾的周期性反复，保持能源战略基本稳定有利于供需双方形成合理预期，长远来看，这是提高能源利用效率、减少过剩产能和降低温室气体排放的重要途径。

第二，能源消费波动的研究有利于对能源供需形势进行及时预判。随着我国改革进程的持续推进和对外开放程度的逐步提高，经济景气周期的运行机制越发复杂，尤其是短期波动在经济社会发展和政府决策中的重要性不断提高。近年来国际能源市场波动和突发性自然灾害等有日渐频发的趋势，对国民经济和能源领域的影响也不断增大，更凸显出判断短期波动和应对短期冲击的重要性。通过区分能源消费的长期趋势和短期波动，构建判断和分析中国能源供需形势的理论模型和实证方法，能够为相关领域的形势分析和预测提供理论支持，并为相关部门完善能源消费的短期预警机制、积极应对不利冲击提供政策参考。

第三，能源消费的短期波动研究可以丰富能源调控的政策工具。区分长期趋势和短期波动，能够更为准确地认识能源消费的影响因素及其决定机制，从而为能源政策提供更为丰富的理论依据和政策工具。如果各级政府和相关部门的能源政策能够更为明确地考虑到长期趋势和短期波动两个方面，并根据不同的宏观经济形势选择恰当的调控手段，那么就可以减少政策干预的福利损失，更为有效地提高能源利用效率，更好地实现宏观经济稳定、经济持续增长和资源环境改善。

第四，能源消费的短期波动研究有利于进一步明确中国经济增长和能源消费的内在联系。近年来，国外一些学者对中国经济增长提出了一些质疑，特别是当宏观经济发生剧烈波动时，经济增长和能源效率变化的短期不一致现象往往被作为重要的"论据"，对中国宏观经济与能源环境政策进行"非难"。因此，对中国能源消费的短期分析，尤其是从定量角度说明资本利用效率、行业存货调整差异、能源消费结构变化等因素对宏观经济与能源增长短期背离的影响，能够有力地增进国内外各界对中国经济增长和能源消费关联的认识，消除一些不必要的质疑与争论，有利于中国在全球经济协调和气候变化谈判等国际交往中争取有利地位。

第五，这也是最为重要的，能源消费的短期波动研究有利于深化我们对宏观经济运行和能源消费波动互动机制的认识。作为国民经济的第一基础产业和重要组成部分，能源与其他行业以及整个国民经济的互动机制都非常复杂。更为全面、准确地理解其内在机制，对于宏观经济管理和能源行业管理的理论和实践都大有裨益。而从短期波动这一全新视角的分析，是对以往长期趋势研究的补充和发展，十分有助于从不同侧面把握其内在规律，深化理论认识，促进本学科和相关领域的发展。因此，从短期波动视角进行能源消费、能源效率及其相关影响的前沿理论与经验分析，还有助于深化和扩展宏观经济管理、能源经济管理、能源技术管理和能源战略等研究内容。

三、国外研究发展的简要评述

早期能源研究多集中于工程技术领域，直到20世纪七八十年代两次"石油危机"严重地冲击了发达国家宏观经济运行，才引起主流经济学和政策决策层对能源问题的高度重视，从而使能源经济研究更为深入和丰富（Mork，1994）。

第一，能源价格对能源需求的影响得到了极大关注。例如，部分学者从微观角度分析了能源价格对固定资产投资、能源需求以及能源技术的影响（Berndt and Wood，1975；Griffin and Gregory，1976；Pindyck and Rotemberg，1983）。Atkeson 和 Kehoe（1999）还考察了能源价格的长期替代效应和截面替代效应的差别，进一步明确了能源价格对能源需求的影响机制。由于这些讨论基本上局限于能源问题本身，并没有更广泛地考虑能源消费与宏观经济的关联，因而难以全面地确定影响能源消费波动的因素及其机制。

第二，人们开始关注能源消费与经济发展阶段、经济增长的关系。根据库兹涅茨产业结构论，经济发展的过程是一个从能源消耗密度较低的产业转向能源消费密度较高的产业再向低能耗产业转变的过程。在经济发展水平较低的农业经济社会中，能源消费强度较低。当社会开始进入工业化初中期时，由于主导产业变成能源密集型产业，能源消费强度将大幅度上升。随着经济社会逐步完成工业化进程进入后工业化阶段，能源密集型工业逐步被生产性服务业所代替，能源消费主要部门由工业转向第三产业和生活用能，能源消费强度开始逐步下降，但下降趋势将趋于平缓。英美等发达国家的历史数据也印证了这一点，即在工业化初中期阶段，能源弹性系数大于1，即能源消费增速大于经济增速；在工业化后期阶段，能源弹性系数则小于1，即能源消费增速小于经济增速。很多学者运用其他国家和地区的数据对能源消费与经济发展阶段进行验证。Jänickem 等（1989）考察国别样本数据发现，能源强度（能源消费/国民生产总值）在经过一个峰值平台后会随着收入水平的增加而趋于下降；Galli（1998）运用1973~1990年亚洲新兴国家和地区的样本数据分析，表明能源强度随收入水平上升呈现一种倒"U"形关系。Judson 等（1999）、Medlock 和 Soligo（2001）也得到类似结论。Phillip（1998）对全球38个国家（其中包括发达国家和发展中国家）样本数据的分析则显示能源强度与人均收入水平之间存在倒"U"形曲线关系。这些结论说明了经济发展阶段更大程度上决定了能源消费的长期趋势。

关于能源消费与经济增长互动关系的研究。Kraft 和 Kraft（1978）等最早利用格兰杰因果模型检验了美国经济增长与能源消费的关系，随后该类研究也在英国、德国、意大利、加拿大、法国、日本等工业国家展开，而且采用的方法逐步扩展到综合误差矫正模型（ECM）、向量自回归（VAR）的多变量格兰杰因果检验模型等（Humphrey and Stanislaw, 1979），近年来东亚和中国能源消费与经济发展的关系也广受关注（Hwang and Gum, 1992; Glasure and Lee, 1997; Jumbe, 2004; Cheng and Lai, 1997; Shiu and Lam, 2004）。不过遗憾的是，不同时期、不同国家和不同方法的研究结果都存在很大差异，至今也没有得到两者关系确定和一致的结论。

Belke 等（2011）将主成分分析法引入协整和格兰杰因果检验分析中，通过区分 25 个 OECD 国家的共同成分和个体成分，发现能源消费与经济增长的长期关系主要由各国的共同成分决定，从而意味着能源消费实际上是价格无弹性的。Apergis 和 Payne（2011）研究 88 个国家的电力消费与 GDP 增长之间的关系，他们根据世界银行的标准将这些国家划分为不同的收入组别，结果发现，各发达国家之间能源消费特征存在很大区别，高收入和中高收入国家长期和短期内都存在电力消费与 GDP 增长的双向格兰杰因果关系，中低收入国家短期内只存在电力消费向 GDP 的单向关系，而低收入国家则在长期和短期内都只存在电力消费向 GDP 的单向关系。这说明能源消费与经济发展的关系并不是一成不变的。Hossain（2011）通过引入碳排放、对外开放、城市化等因素，利用 1971~2007 年新型工业化国家数据，更为全面地检验了能源消费与经济增长的关系，结果发现这些国家仅存在短期的经济增长向能源消费的格兰杰因果关系，长期内经济增长、城市化和开放都与能源消费和碳排放不存在格兰杰因果关系。

Yıldırım 等（2014）分析了 11 个国家经济增长和能源消费之间的因果关系。他们估计了包括人均 GDP、人均能源消费和资本总额的三元模型，发现除了土耳其外，其他 10 个国家经济增长和能源消费是中性的，不存在因果关系。Mohammadi 和 Parvaresh（2014）利用 14 个石油出口国 1980~2007 年面板数据检验了能源消费与产出之间的长期关系和短期动态波动。结果显示，两者之间在长期和短期都存在稳定的双向因果关系。因此节约能源的环境政策对经济增长有显著的长期影响，旨在促进经济增长的政策可能产生的不良环境后果。

近年来，能源经济学的一个突出特点是将能源放在更为广泛的经济范畴中进行研究，除了对传统的能源消费与增长的关注外，能源与发展、贫困等问题的关系也得到越来越多的重视。例如，Khandker 等（2012）利用印度的居民普查数据发现，如果对能源贫困的临界点界定随收入的增加而增加，那么能源贫困人群及比例与经济贫困有很大不同，而且减少能源贫困有助于居民收入的提高、减少经济贫困。

第三，受宏观经济周期理论的影响，能源在宏观经济运行中的作用得到了更为深入的讨论。例如，Kim 和 Loungani（1992）、Rotemberg 和 Woodford（1996）、Finn（1995，2000）等充分肯定了 Rosenberg（1980）关于能源消费短期变化与长期趋势差别的判断，将能源价格作为外生冲击引入真实经济周期（Real Business Cycle，RBC）模型考察它在宏观经济波动中的作用。Wei（2003）等还注意到能源消费波动与宏观名义变量波动的关系，从而丰富了其作用机制研究。然而，由于发达国家已经进入后工业化时代，能源供需基本稳定、能源市场比较完善，其能源问题研究主要集中于企业与家庭对能源价格的反应，并且更为关注能源价格（特别是石油价格）冲击对宏观经济的影响，能源消费波动本身却没有得到充分重视。

四、国内研究进展

与国外研究类似，国内关于能源的早期研究也多集中于能源产业，主要研究目的是解决能源规划中需求预测、投资结构安排等决策问题。直到近十多年来，能源和环境约束对中国经济的影响越来越突出，能源消费问题才得到了较为广泛的关注。

第一，众多学者探讨了中国能源消费与经济增长的关系。如赵丽霞和魏巍贤（1998）、韩智勇等（2004）、王绍平和杨继生（2006）、林伯强（2003）、林伯强等（2007）、周江（2010）、李国璋和霍宗杰（2010）、王崇梅（2010）、林卫斌等（2010）、俞毅（2010）等分别应用生产函数模型和协整分析、格兰杰因果分析等方法，检验能源消费与经济增长的互动关系并对中长期能源需求进行预测。不过，由于协整分析和格兰杰因果检验等方法的局限性，此类研究只能捕捉能源消费与经济增长的依存关系，但实际上并不能解释能源消费的内在机制，因此不同阶段和方法的结果差异很大。事实上，忽略短期影响因素所导致的分析偏差和不足，也是现有能源与经济增长关系研究存在较大争议的重要原因。例如，在能源消费与经济增长关系的协整分析中，即使采用误差修正模型也主要是为了更好地拟合能源消费与经济增长的长期趋势，而没有区分两者长期与短期关系的差异，因而方程估计对变量方差十分敏感，波动因素对回归结果的影响很大。

第二，由于"十五"时期中国能源效率不降反升，能源效率的因素分解得到了广泛应用。例如，史丹和张金隆（2003）、蒋金荷（2004）、周鸿和林凌（2005）等采用指数分解方法考察中国能源效率的趋势，从产业结构升级和生产技术进步等方面探求提高能源效率的潜力与途径。不过，人们很快发现能源效率的因素分解也只能从核算角度确定产业结构变化和生产技术进步对能源消费变化的影响，而不能说明为什么会发生这样的变化。而且该方法将结构因素以外的效率改进归结为技术，因而受产业划分标准和样本选择的影响很大，并且测算结果往往存在一定的偏差，导致现有研究对能源效率影响因素分解存在较大争议（吴滨和李为人，2007）。更为重要的是，如果不将结构或技术的波动成分剔除，能源效率分解分析结果很可能夸大短期因素的作用，导致对能源效率长期决定因素的错误判断。这充分表明，不区别长期趋势和短期波动，就难以全面解释能源效率变动的形成机制，也不能根据能源效率变动的不同状况制定有针对性的政策措施。

第三，为进一步认识中国能源消费及其决定机制，有学者开始尝试进行更深层次的分析。例如，Fisher-Vanden等（2004）根据1997~1999年中国微观企业数据，利用回归分析方法考察企业技术、产业结构、区域特征和国有经济比重等因素对企业能源消费的影响；李廉水和周勇（2006）、魏楚和沈满洪（2007）、师博和沈坤荣（2008）等采用数据包络分析方法测算各地区相对能源效率，并采用回归方法考察20世纪90年代以来能源消费与各地区产业结构、市场化程度、对外开放等因素的关系；史丹等（2008）采用随机前沿分析方法估计了包含能源投入的生产函数，并利用水平核算（Level Accounting）方法确定了全要素生产率、资本与能源效率等因素对改革开放以来地区能源利用差异的影响。

傅晓霞和吴利学（2010）经研究发现，在经济发展的不同阶段，能源效率不同影响因素的作用程度差异很大。尹显萍和石晓敏（2010）则指出低能耗行业组出口比重上升对降低我国能源强度的作用远大于中高能耗行业组出口比重下降所产生的节能影响。黄山松和谭清美（2010）认为，企业规模对制造业整体的能源效率有显著影响。陈夕红等（2011）研究了地区收入差距和城乡收入差距对我国能源效率的影响，发现城乡收入差距的扩大会使全社会能源效率降低。王珊珊和屈小娥（2011）认为，我国制造业行业全要素能源效率差异显著，技术进步是制造业全要素能源效率提高的主要原因，纯技术效率和规模效率的作用相对较小。綦建红和陈小亮（2011）发现增加出口会降低能源利用效率，增加进口会提高能源利用效率。孙广生等（2011）指出，尽管行业的能源效率在提高，但行业的能源损失的绝对量仍然很大，这表明节能的潜力非常大。陈德敏和张瑞（2012）发现环境规制相关变量对全要素能源效率影响存在较大差异，同时经济结构和 FDI 对全要素能源效率影响显著，但影响效果存在区域差异。查冬兰和周德群（2010）发现，能源效率回弹效应在我国显著存在。冯烽和叶阿忠（2012）利用 1995~2010 年省际面板数据估计了我国技术溢出视角下技术进步对能源消费的回弹效应。

这些成果在很大程度上深化了我们对能源效率影响因素的认识，但由于方法和数据的限制，以上研究仍无法全面揭示中国能源消费的内在决定机制，特别是不同因素在不同发展阶段和经济条件下对能源消费影响的差别。

第四，少数文献涉及了中国能源消费波动问题，但对波动的机制和影响因素等问题关注很少。例如，为更好地预测长期电力需求，赵文霞（2001）应用时间序列方法对中国短期电力波动进行预测；胡兆光和方燕平（2000）、何永秀等（2006）、袁家海等（2006）、吴疆（2009）确认了波动因素在能源消费与宏观经济关系中的影响；赵进文和范继涛（2007）注意到了不同发展阶段和宏观景气状况下能源效率的差别，采用平滑转换回归模型确认了不同区间内经济增长与能源消费的非线性关系。此外，李善同等（2007）认识到国际能源环境对我国经济发展的影响逐步扩大，利用投入产出模型探讨了国际能源价格波动对我国宏观经济的冲击。不过，这些研究实际上并没有将能源消费短期波动作为研究重点，缺乏对能源波动原因和机制的深入探讨，更没有解释不同时期能源消费差别的形成机理。吴利学（2009）借鉴微观能源技术理论和宏观景气循环理论，尝试在真实经济周期框架下对中国能源效率波动的决定机制进行初步探讨，并通过数值方法模拟了生产率、能源价格和政府支出等冲击的影响状况，从而分析了不同政策工具的效果和福利影响。该文章强调了资本和能源的短期固定技术关系（Pindyck and Rotemberg,

1983；Atkeson and Kehoe，1999) 和资本利用率在繁荣与萧条时期的巨大差异 (Greenwood et al.，1988)，将不同资本利用强度下的能源消耗差别作为解释短期内能源效率变化的关键机制，并认为生产率水平和产出对资本的依赖程度等因素决定了经济对不同性质冲击反应的差别，与资本-能源效率共同导致了产出-能源效率的波动。虽然文中尝试将能源消费成本引入企业资本利用强度决策，对能源利用效率的短期波动机制进行了初步探讨，但为了简化处理，分析中没有引入多个产业部门而是将能源供给作为外生因素，仍不能研究宏观经济与能源行业的相互影响。因此，总体来看中国能源消费的短期波动研究尚未充分展开，尤其对能源消费波动和宏观经济周期之间关系缺乏深入探讨，难以为短期能源预警和应对措施提供有力支持。

五、可能的扩展方向

尽管能源消费短期波动研究还没有形成统一的分析框架和完善的分析方法，但是与此相关的宏观经济波动研究和能源产业问题分析都相对比较成熟，如果能够借鉴和融合这两个领域的分析思路和方法，完全可能较好地解决能源消费短期波动研究面临的关键困难。

从宏观角度来看，动态随机一般均衡 (Dynamic Stochastic General Equilibrium，DSGE) 方法已经成为经济周期波动问题研究的基本框架。该方法由 Kydland 和 Prescott (1982)、Long 和 Plosser (1983) 等开创，早期重点关注技术等真实经济因素的影响，在新古典经济增长理论基础上引入了随机技术冲击因素，被称为真实经济周期理论。随着研究的深入，新凯恩斯主义逐渐把名义价格黏性、政府支出需求和货币供给等更深层次的冲击也纳入模型中，将它发展成为一种综合性的周期波动研究工具 (Christiano et al.，2005；Gali，2008)。DSGE 分析框架的突出优势是强调宏观经济决策的微观基础，能够分析随机因素造成的周期波动，通过居民、企业等微观主体对外部冲击的最优反映刻画宏观经济波动的内在机制。目前该方法正逐步取代传统凯恩斯宏观经济模型，成为欧洲中央银行、美联储、世界银行等机构进行经济周期预测和政策分析的基础性工具 (Smets and Wouters，2007)。近些年我国人民银行、国家发展研究中心等机构部门也正在通过建立 DSGE 模型强化宏观调控、财政、信贷政策方面的研究（刘斌，2010）。

从产业发展和政策冲击，特别是从能源与环境领域相关分析来看，较为成熟的分析方法是可计算一般均衡（Computable General Equilibrium，CGE）模型。它也是建立在一般均衡理论基础上的经济分析框架，其突出优势在于较早并且较好地与投入产出分析相结合，能够系统分析行业之间的相互影响以及各行业对宏观经济政策的反应，目前在世界范围内广泛深入产业结构、财政贸易、收入分配与贫困等领域，近年来在能源与环境政策制定方面的应用尤其突出（张欣，2010）。不过，CGE 模型存在两方面突出的不足：一是绝大部分 CGE 模型的理论基础是静态一般均衡，动态化过程往往是引入递推（Recursive）而非跨期（Intertemporal）机制，没有考虑经济主体当前决策对未来预期的反应，因此对于比较静态问题的模拟效果较好，而对于政策冲击的动态分析偏差较大。二是由于对经济主体的跨期决策刻画不够充分，CGE 模型通常是确定性模型，一般不考虑随机冲击的影响，尤其在预测方面的应用效果还有待提高（樊明太，2006）。

非常具有理论价值，也非常有趣的是，主流 DSGE 模型和 CGE 模型恰恰是优势互补的。比如，DSGE 模型是以动态最优经济增长模型为基础，而且引入了生产技术、政府政策、市场环境等一系列不确定性，正好能够很好地解决 CGE 模型中通常对经济主体的跨期决策刻画不够充分和不能够分析随机冲击的缺陷。与此同时，CGE 模型与投入产出模型相结合，从而能够引入行业特性与产业关联，正好弥补了宏观 DSGE 模型将所有产业抽象为单一部门，对行业分析重视不足的缺陷。实际上，从 DSGE 模型发展之初就一直有学者强调产业结构对宏观经济的影响，而后又逐步尝试将投入产出与动态一般均衡分析结合起来，并且已经取得了一定成果。比如在 DSGE 模型的开创时期，Long 和 Plosser（1983，1987）就引入了多个部门并强调了部门冲击的作用；随后，Horvath（1998）和 Dupor（1999）进一步完善了多部门的周期波动分析，对部门关联的研究更为深入。最近，Bouakez 等（2009）和 Foerster 等（2011）更将多部门投入产出模型和新凯恩斯主义理论结合起来，初步形成了行业波动与宏观经济波动互动的基本分析思路。与此同时，CGE 模型的动态机制也在不断完善，越来越接近多部门动态一般均衡模型（张欣，2010）。

不过，仅仅简单地将 DSGE 模型与通常 CGE 模型中的投入产出分析相结合形成多部门 DSGE 模型，还不足以完全实现对能源消费短期波动的分析。这是因为能源是一个特殊行业，具有独特的技术、经济和体制属性。第一，能源是一种特殊投入，往往与其他要素（如资本）共同进入生产过程，并且利用效率与生产强度高度相关，因此不能像其他要素那样以通常方式引入生产函数，必须考虑一些特殊的技术性处理。第二，由于能源行业的特殊属性，其管理体制也与一般的竞争性行业不同，尤其中国转轨过程中的能源行业管理体制和手段更是具有很强的独特性，因而必须考虑能源消费波动的特殊体制动因，以及数量管制、单边价格、异质性企业政策等特殊的政策冲击。第三，由于对能源的技术和体制特性的特殊处理，需要重新对产业均衡进行定义，特别是求解方法也需要进行全新处理。第四，通常的投入产出模型中并没有现成的能源部门，因此首先需要对投入产出表或社会核算矩阵（Social Accounting Matrix，SAM）进行调整，采用折算、替代和归并等方法构建能源与其他部门的关联关系。

六、结语

能源问题是当前中国面临的关键约束之一，提高能源利用效率是实现经济社会持续健康发展的必然选择。与产出等其他宏观经济变量类似，能源消费的变化也同时包含长期趋势和短期波动两个方面，并且两者的基本特征和决定机制存在着本质性差别。从中国近些年的现实情况来看，对能源消费短期波动问题的忽视已经成为对能源运行趋势判断出现某些偏差、能源发展规划未能适时调整、重大能源突发事件应对能力不足等问题的重要原因。

由于发达国家已经进入后工业化时代，能源供需基本稳定、能源市场比较完善，其能源问题研究主要集中于企业与家庭对能源价格的反应，并且更为关注能源价格（特别是石油价格）冲击对宏观经济的影响，能源消费波动本身却没有得到充分重视。虽然中国能源效率问题得到国内外学者越来越多的关注，但总体来看其短期波动研究尚未充分展开，尤其对能源消费波动和宏观经济周期之间的关系缺乏深入探讨，能源消费短期波动的特征、机制、影响因素和应对措施的分析仍存在较多的不足与改进空间。

分别作为经济周期波动问题研究的基本框架和产业发展和政策冲击的成熟分析方法,动态随机一般均衡方法和可计算一般均衡模型具有很强的互补性,而且都强调宏观经济的微观基础,非常适合从微观角度出发揭示其宏观能源效率的变化机制。如果我们能够融合两种方法的长处并充分考虑能源行业的特性,完全可能构建出能源消费短期波动研究的一般性框架,较好地实现探讨能源与其他行业的关联以及能源领域对未来宏观经济波动预期的反应等各项研究目的。这不仅有利于提高能源利用效率,而且还能为实现宏观经济稳定、经济持续增长和资源环境改善提供更为有效的政策工具。

[参考文献]

陈德敏、张瑞(2012):《环境规制对中国全要素能源效率的影响——基于省际面板数据的实证检验》,《经济科学》第 4 期,第 49-65 页。

陈夕红、李长青、张国荣等(2011):《城市化进程中的收入差距对能源效率的影响分析》,《经济问题探索》第 7 期,第 144-149 页。

傅晓霞、吴利学(2010):《中国能源效率及其决定机制的变化——基于变系数模型的影响因素分析》,《管理世界》第 9 期,第 45-54 页。

樊明太(2006):《CGE 模型的前沿研究》,《中国社会科学院院报》10月 12 日。

冯烽、叶阿忠(2012):《技术溢出视角下技术进步对能源消费的回弹效应研究——基于空间面板数据模型》,《财经研究》第 9 期,第 123-133 页。

韩智勇、魏一鸣、焦建玲等(2004):《中国能源消费与经济增长的协整性与因果关系分析》,《系统工程》第 12 期,第 17-21 页。

何永秀、赵四化、李莹等(2006):《中国电力工业与国民经济增长的关系研究》,《产业经济研究》第 1 期,第 47-53 页。

胡兆光、方燕平(2000):《我国经济发展与电力需求趋势分析》,《中国电力》第 8 期,第 6-9 页。

黄山松、谭清美(2010):《制造业能源效率测算与影响因素分析》,《技术经济与管理研究》第 2 期,第 14-18 页。

蒋金荷(2004):《提高能源效率与经济结构调整的策略分析》,《数量经济技术经济研究》第 10 期，第 16-23 页。

李国璋、霍宗杰（2010）：《中国能源消费、能源消费结构与经济增长——基于 ARDL 模型的实证研究》，《当代经济科学》第 3 期，第 55-60 页。

李廉水、周勇（2006）：《技术进步能提高能源效率吗？——基于中国工业部门的实证检验》，《管理世界》第 10 期，第 82-89 页。

李善同、何建武、许召元（2007）：《油价波动与经济增长》，《中国石油和化工经济分析》第 11 期，第 47-54 页。

林伯强（2003）：《电力消费与中国经济增长：基于生产函数的研究》，《管理世界》第 4 期，第 18-27 页。

林伯强、魏巍贤、李丕东（2007）：《中国长期煤炭需求：影响与政策选择》，《经济研究》第 2 期，第 48-58 页。

林卫斌、苏剑、施发启（2010）：《经济增长、能耗强度与电力消费——用电量与 GDP 增长率背离的原因探析》，《经济科学》第 5 期，第 15-22 页。

刘斌（2010）：《动态随机一般均衡模型及其应用》，北京：中国金融出版社。

綦建红、陈小亮（2011）：《进出口与能源利用效率：基于中国工业部门面板数据的实证研究》，《南方经济》第 1 期，第 14-25 页。

师博、沈坤荣（2008）：《市场分割下的中国全要素能源效率：基于超效率 DEA 方法的经验分析》，《世界经济》第 9 期，第 49-59 页。

史丹、张金隆（2003）：《产业结构变动对能源消费的影响》，《经济理论与经济管理》第 8 期，第 30-32 页。

史丹、吴利学、傅晓霞等（2008）：《中国能源效率地区差异及其成因研究》，《管理世界》第 2 期，第 35-43 页。

孙广生、杨先明、黄祎（2011）：《中国工业行业的能源效率（1987~2005）——变化趋势、节能潜力与影响因素研究》，《中国软科学》2011 年第 11 期，第 29-39 页。

王珊珊、屈小娥（2011）：《技术进步、技术效率与制造业全要素能源效率》，《山西财经大学学报》第 2 期，第 54-60 页。

王绍平、杨继生（2006）：《中国工业能源调整的长期战略与短期措施》,《中国社会科学》第4期,第88-96页。

王崇梅（2010）：《中国经济增长与能源消耗脱钩分析》,《中国人口·资源与环境》第3期,第35-37页。

魏楚、沈满洪（2007）：《能源效率及其影响因素：基于DEA的实证分析》,《管理世界》第8期,第66-76页。

吴滨、李为人（2007）：《中国能源强度变化因素争论与剖析》,《中国社会科学院研究生院学报》第2期,第121-128页。

吴疆（2009）：《电力消费与宏观经济的相关性研究》,《中国能源》第6期,第17-21页。

吴利学（2009）：《中国能源效率波动：理论解释、数值模拟及政策含义》,《经济研究》第5期,第130-142页。

尹显萍、石晓敏（2010）：《工业出口贸易结构变动对我国能源强度的影响》,《中国人口·资源与环境》第11期,第77-83页。

俞毅（2010）：《GDP增长与能源消耗的非线性门限——对中国传统产业省际转移的实证分析》,《中国工业经济》第12期,第57-65页。

袁家海、丁伟、胡兆光（2006）：《电力消费与中国经济增长的协整与波动分析》,《电网技术》第9期,第10-15页。

查冬兰、周德群（2010）：《基于CGE模型的中国能源效率回弹效应研究》,《数量经济技术经济研究》第12期,第39-53页。

张欣（2010）：《可计算一般均衡模型的基本原理和编程》,上海：格致出版社、上海人民出版社。

赵进文、范继涛（2007）：《经济增长与能源消费内在依从关系的实证研究》,《经济研究》第8期,第31-42页。

赵丽霞、魏巍贤（1998）：《能源与经济增长模型研究》,《预测》第6期,第32-34页。

赵文霞（2001）：《电力需求的经济预测与周期波动分析》,《电力情报》第4期,第14-16页。

周鸿、林凌（2005）：《中国工业能耗变动因素分析：1993~2002》,《产业经济研究》第5期,第13-18页。

周江（2010）：《我国能源消费总量与经济总量的关系》,《财经科学》

第10期，第48-55页。

Apergis, N. and J. E. Payne (2011), "A Dynamic Panel Study of Economic Development and the Electricity Consumption-Growth Nexus", *Energy Economics*, 33 (5), pp. 770-781.

Atkeson, A. and P. J. Kehoe (1999), "Models of Energy Use: Putty-Putty versus Putty-Clay", *American Economic Review*, 89 (4), pp. 1028-1043.

Belke, A., F. Dobnikand C. Dreger (2011), "Energy Consumption and Economic Growth: New Insights into the Cointegration Relationship", *Energy Economics*, 33 (5), pp. 782-789.

Berndt, E. R. and D. O. Wood (1975), "Technology, Prices, and the Derived Demand for Energy", *Review of Economics and Statistics*, 57 (3), pp. 259-268.

Bouakez, H., E. Cardia and F. J. Ruge-Murcia (2009), "The Transmission of Monetary Policy in A Multisector Economy", *International Economic Review*, 50 (4), pp. 1243-1266.

Cheng, B. S. and T. W. Lai (1997), "An Investigation of Co-integration and Causality Between Clectricity Consumption and Economic Activity in Taiwan", *Energy Economics*, 19 (4), pp. 435-444.

Christiano, L. J., M. S. Eichenbaum and C. L. Evans (2005), "Nominal Rigidities and the Dynamic Effects of a Shock to Monetary Policy", *Journal of Political Economy*, 113 (1), pp. 1-45.

Dupor, B. (1999), "Aggregation and Irrelevance in Multi-sector Models", *Journal of Monetary Economics*, 43 (2), pp. 391-409.

Fisher-Vanden, K., G. H. Jefferson and Liu Hongmei, et al. (2004), "What Is Driving China's Decline in Energy Intensity?", *Resource and Energy Economics*, 26 (1), pp. 77-97.

Finn, M. G. (1995), "Variance Properties of Solow's Productivity Residual and Their Cyclical Implications", *Journal of Economic Dynamics and Control*, 19 (5-7), pp. 1249-1281.

Finn, M. G. (2000), "Perfect Competition and the Effects of Energy Price

Increases on Economic Activity," *Journal of Money, Credit, and Banking*, 32 (3), pp. 400–416.

Foerster, A., P. D. Sarte and M. W. Watson (2011), "Sectoral vs. Aggregate Shocks: A Structural Factor Analysis of Industrial Production", *Journal of Political Economy*, 119 (1), pp. 1–38.

Gali, J. (2008), "Monetary Policy, Inflation, and the Business Cycle: An Introduction to the New Keynesian Framework", Princeton: Princeton University Press.

Galli, R. (1998), "The Relationship Between Energy Intensity and Income levels: Forecasting Log-term Energy Demand in Asian Emerging Countries", *Energy Journal*, 19 (4), pp. 85–105.

Glasure, Y. U. and A. R. Lee, (1997), "Cointegration, Error-correction, and the Relationship Between GDP and Electricity: The Case of South Korea and Singapore", *Resource and Electricity Economics*, 20 (1), pp. 17–25.

Greenwood, J., Z. Hercowitz and Huffman G. W. (1988), "Investment, Capacity Utilization, and the Real Business Cycle", *American Economic Review*, 78 (3), pp. 402–417.

Griffin, J. M. and P. R. Gregory (1976), "An Inter-country Translog Model of Energy Substitution Responses", *American Economic Review*, 66 (5), pp. 845–857.

Mohammadi, H. and S. Parvaresh (2014), "Energy Consumption and Output: Evidence from a Panel of 14 Oil-exporting Countries", *Energy Economics*, 41 (6), pp. 41–46.

Horvath, M. (1998), "Cyclicality and Sectoral Linkages: Aggregate Fluctuations from Independent Sectoral Shocks", *Review of Economic Dynamics*, 1 (4), pp. 781–808.

Hossain, M. S. (2011), "Panel Estimation for CO_2 Emissions, Energy consumption, Economic Growth, Trade Openness and Urbanization of Newly Industrialized Countries", *Energy Policy*, 39 (11), pp. 6991–6999.

Humphrey, S. W. and J. Stanislaw (1979), "Economic Growth and Energy

Consumption in the UK, 1700-1975", *Energy Policy*, 7 (1), pp. 29-42.

Hwang, D. and B. Gum (1991), "The Causal Relationship Between Energy and GNP: The Case of Chinese Taiwan", *The Journal of Energy and Development*, 16 (2), pp. 219-226.

Jänickem, M., T. Ranneberg and U. E. Simonisue (1989), "Structural Change and Environmental Impact Empirical Evidence on thirty-one Countries in East and West", *Environmental Monitoring and Assessment*, 12 (2), pp. 99-114.

Judson, R. A., R. Schmalensee and T. M. Stoker (1999), "Economic Development and the Structure of the Demand for Commercial Energy", *The Energy Journal*, 20 (2), pp. 29-57.

Jumbe, C. B. L. (2004), "Cointegration and Causality Between Electricity Consumption and GDP: Empirical Evidence from Malawi", *Energy Economics*, 26 (1) pp. 61-68.

Khandker, S. R., D. F. Barnes and H. A. Samad (2012), "Are the Energy Poor Also Income Poor? Evidence from India", *Energy Policy*, (47), pp. 1-12.

Kim, I. M. and P. Loungani (1992), "The Role of Energy in Real Business Cycle Models", *Journal of Monetary Economics*, 29 (2), pp. 173-190.

Kraft, J. and A. Kraft (1978), "On the Relationship Between Energy and GNP", *Journal of Energy Development*, 3 (2), pp. 401-403.

Kydland, F. E. and E. C. Prescott (1982), "Time to Build and Aggregate Fluctuations", *Econometrica*, 50 (6), pp. 1345-1370.

Long J. R., J. and C. I. Plosser (1983), "Real Business Cycles", *Journal of Political Economy*, (91), pp. 39-69.

Long J. R., J. and C. I. Plosser (1987), "Sectoral vs. Aggregate Shocks in the Business cycle", *American Economic Review*, 77 (2), pp. 333-336.

Medlock K. B. and R. Soligo (2001), "Economic Development and End-Use Energy Demand", *The Energy Journal*, 22 (2), pp. 77-105.

Mork, K. A. (1994), "Business Cycles and the Oil Market", *Energy Journal*, (15), pp. 15-38.

Phillip, L. (1998), "Economic Considerations in the Framework of Sustainable Development Initiatives in Africa", Cente for Economic Research on Africa Working Paper.

Pindyck, R. S. and J. J. Rotemberg (1983), "Dynamic Factor Demands and the Effects of Energy Price Shocks", *American Economic Review*, 73 (5), pp. 1066–1079.

Rosenberg, N. (1980), "Historical Relations Between Energy and Economic Growth", in Joy Dunkerley (ed.), International Energy Strategies, Proceedings of the 1979 IAEE/RFF conference, Chapter 7, Cambridge, MA: Oelgeschlager, Gunn & Hain, Publishers, Inc., pp. 55–70.

Rotemberg, J. J. and M. Woodford (1996), "Imperfect Competition and the Effects of Energy Price Increases on Economic Activity", *Journal of Money, Credit, and Banking*, 28 (4), pp. 549–577.

Shiu, A. and P. L. Lam (2004), "Electricity Consumption and Economic Growth in China", *Energy Policy*, 32 (1), pp. 47–54.

Smets, F. and R. Wouters (2007), "Shocks and Frictions in US Business Cycles: A Bayesian DSGE Approach", *American Economic Review*, 97 (3), pp. 586–606.

Wei, C. (2003), "Energy, the Stock Market, and the Putty-Clay Investment Model", *American Economic Review*, 93 (1), pp. 311–323.

Yıldırım, E., D. Sukruoglu and A. Aslan (2014), "Energy Consumption and Economic Growth in the Next 11 Countries: The Bootstrapped Autoregressive Metric Causality Approach", *Energy Economics*, 44 (6), pp. 14–21.

第二章
中国能源消费与能源效率波动状况

【摘　要】 能源是现代经济的基础,但人们却往往在经济发展受到约束时才注意到它的影响。从研究视角来看,现有成果主要集中于探讨能源效率的长期趋势,而忽略了其短期波动问题。本章在总结相关理论的基础上,从宏观和产业角度描述中国能源消费和能源效率波动的基本事实,并初步探讨了影响机制与启示。

一、宏观经济与能源消费的关系

能源是必不可少的生产要素之一,不少研究认为能源消费与经济增长存在长期稳定的关系。从长期趋势来看,不同的经济发展阶段,能源消费通常呈现不同的典型特征。英美等国家的经验显示,经济发展初期,能源消费快速增加并逐步趋向平稳增加的变化趋势,而能源强度则大致呈现一种先上升、后下降的倒"U"形变化趋势。但是,与发达国家经济结构"三二一"的顺序、工业内部产业结构"由轻到重到高科技"的变化规律不同,像中国这样处在赶超阶段的发展中国家,在经济发展初期,重化工业比重通常高于发达国家同期水平。能源消费与经济增长之间的关系通常表现出与其他国家不一致的特征。从短期波动来看,能源消费和经济增长更多受到短期因素的影响,且能源消费短期波动幅度更为剧烈。短期分析提供了解释能源消费与经济增长之间关系的另一种视角,能更为准确地认识能源消费、能源效率的影响因素及其决定机制。从研究视角来看,现有成果主要集中于探讨能源效率的长期趋势,而忽略了其短期波动问题,因此有必要从能源消费波动的角度,阐述经济增长与能源消费不一致的原因。

1. 能源消费、能源效率与经济增长的研究结论

第一,经济发展阶段更大程度上决定了能源消费的长期趋势。在石油危机给世界经济带来巨大破坏的反思的基础上,人们开始关注能源消费与经济发展阶段、经济增长的关系。根据库兹涅茨产业结构论,经济发展的过程是一个从能源消耗密度较低的产业转向能源消费密度较高的产业再向低能耗产业转变的过程。即在工业化初期阶段,能源弹性系数大于1,在工业化后期阶段,能源密集型工业逐步被生产性服务业所代替,能源弹性系数往往低于1。按照经济发展进程,能源消费应该是快速增加并逐步趋向平稳增加的变化趋势,而能源强度则大致呈现一种先上升、后下降的倒"U"形的变化趋势。很多学者运用其他国家和地区的数据对能源消费与经济发展阶段之间进行验证。Jänickem 等(1989)考察国别样本数据发现,能源强度(能源消费/国民生产总值)在经过一个峰值平台后会随着收入水平的增加而趋于下降;Galli(1998)运用1973~1990年亚洲新兴国家和地区的样本数据分析,表明能源强度随收入水平上升呈现一种倒"U"形关系。Judson 等(1999)、Medlock 和 Soligo(2001)也得到类似结论。Phillip(1998)对全球38个国家截面数据样本数据分析中发现,基于全球38个国家(其中包括发达国家和发展中国家)样本数据的分析,显示能源强度与人均收入水平之间存在倒"U"形曲线关系。

第二,能源消费与经济增长互动关系受到国别、时期、研究方法等因素的影响,至今没有得到一般性的结论。Kraft 和 Kraft(1978)等最早利用格兰杰因果模型检验了美国经济增长与能源消费的关系,随后该类研究后来也在英国、德国、意大利、加拿大、法国、日本等工业国家展开,而且采用的方法逐步扩展到综合误差矫正模型(ECM)、向量自回归(VAR)的多变量格兰杰因果检验模型等(Humphrey and Stanislaw,1979),近年来东亚和中国能源消费与经济发展的关系也广受关注(Hwang and Gum,1992;Glasure and Lee,1997;Jumbe,2004;Cheng and Lai,1997;Shiu and Lam,2004)。Belke 等(2011)将主成分分析方法引入协整和格兰杰因果检验分析中,通过区分25个OECD国家的共同成分和个体成分,发现能源消费与经济增长

的长期关系主要由各国的共同成分决定，从而意味着能源消费实际上是价格无弹性的。Nicholas 和 Payne（2011）研究 88 个国家的能源消费与 GDP 增长之间的关系，他们根据世界银行的标准将这些国家划分为不同的收入组别，结果发现各发达国家之间能源消费特征存在很大区别，高收入和中高收入国家在长期和短期内都存在能源消费与 GDP 增长的双向格兰杰因果关系，中低收入国家在短期内只存在能源消费向 GDP 的单向关系，而低收入国家则在长短期内都只存在能源消费向 GDP 的单向关系。这说明能源消费与经济发展的关系并不是一成不变的。Hossain（2011）通过引入碳排放、对外开放、城市化等因素，利用 1971~2007 年新型工业化国家数据，更为全面地检验了能源消费与经济增长的关系，结果发现，这些国家仅存在短期的经济增长向能源消费的格兰杰因果关系，长期内经济增长、城市化和开放都与能源消费和碳排放不存在格兰杰因果关系。Yıldırım 等（2014）分析了 11 个国家经济增长和能源消费之间的因果关系，估计了包括人均 GDP、人均能源消费和资本总额的三元模型，发现除了土耳其，其他 10 个国家经济增长和能源消费是中性的，不存在因果关系。Mohammadi 等（2014）利用 14 个石油出口国 1980~2007 年的面板数据检验了能源消费与产出之间的长期关系和短期动态波动。结果显示，两者之间存在稳定的关系；而且长期和短期都存在双向因果关系。因此节约能源的环境政策对经济增长有显著的长期影响，旨在促进经济增长的政策可能产生的不良环境后果。

国内学者，如赵丽霞和魏巍贤（1998）、韩智勇等（2004）、王绍平和杨继生（2006）、林伯强（2003）、林伯强等（2007）、周江（2010）、李国璋和霍宗杰（2010）、王崇梅（2010）、林卫斌等（2010）、俞毅（2010）等分别应用生产函数模型和协整分析、格兰杰因果分析等方法，检验能源消费与经济增长的互动关系并对中长期能源需求进行预测。不过，由于协整分析和格兰杰因果检验等方法的局限性，此类研究只能捕捉能源消费与经济增长的依存关系，但实际上并不能解释能源消费的内在机制，因此不同阶段和方法的结果差异很大。事实上，忽略短期影响因素所导致的分析偏差和不足，也是现有能源-增长关系研究存在较大争议的重要原因。例如，在能源消费与经济增长关系的协整分析中，即使采用误差修正模型也主要是为了更好地拟合能源消费与经济增长的长期趋势，而没有区分两者长期与短期关系的差异，因而方程估计对变量方差十分敏感，波动因素对回归结果的影响很大。

第三，相对于决定长期趋势的因素，短期波动因素对中国能源消费、能源效率的影响更为显著。目前只有少数文献涉及了中国能源消费波动问题，但对波动的机制和影响因素等问题关注很少。例如，为更好地预测长期电力需求，赵文霞（2001）应用时间序列方法对中国短期电力波动进行了预测；胡兆光和方燕平（2003）、何永秀等（2006）、袁家海等（2006）确认了波动因素在能源消费与宏观经济关系中的影响；吴利学（2009）借鉴微观能源技术理论和宏观景气循环理论，尝试在真实经济周期（Real Business Cycle，RBC）框架下对中国能源效率波动的决定机制进行初步探讨，并通过数值方法模拟了生产率、能源价格和政府支出等冲击的影响状况，从而分析了不同政策工具的效果和福利影响。研究强调了资本和能源的短期固定技术关系（Pindyck and Rotemberg，1983；Atkeson and Kehoe，1999）和资本利用率在繁荣与萧条时期的巨大差异（Greenwood et al.，1988），将不同资本利用强度下的能源消耗差别作为解释短期内能源效率变化的关键机制，并认为生产率水平和产出对资本的依赖程度等因素决定了经济对不同性质冲击反应的差别，与资本-能源效率共同导致了产出-能源效率的波动。因此，总体来看中国能源消费的短期波动研究尚未充分展开，尤其对能源消费波动和宏观经济周期之间的关系缺乏深入探讨，难以为短期能源预警和对应措施提供有力支持。

2. 主要发达国家的基本经验

能源消费与经济发展阶段具有很大相关性，因此可与发达国家的基本经验作为参考。我们主要从三个方面来概括能源消费和宏观经济运行的基本规律：一是人均能源消费水平的变化，二是能源消费的效率趋势，三是能源消费增长与经济增长的关系。

首先，从人均能源消费水平变化看，部分发达国家人均能源消费在观察期内均呈现出比较明显的倒"U"形趋势，倒"U"形曲线的顶点基本在1990~2000年。图2-1上半部分是部分发达国家1960~2015年的人均能源消费，从图中能够直观地看到人均能源消费的变化特征。与此相对比的是，部分发展中国家人均能源消费变化总体上保持上升趋势。参照发达国家的经验，由于经济发展阶段的原因，发展中国家人均能源消费水平还将继续增长。

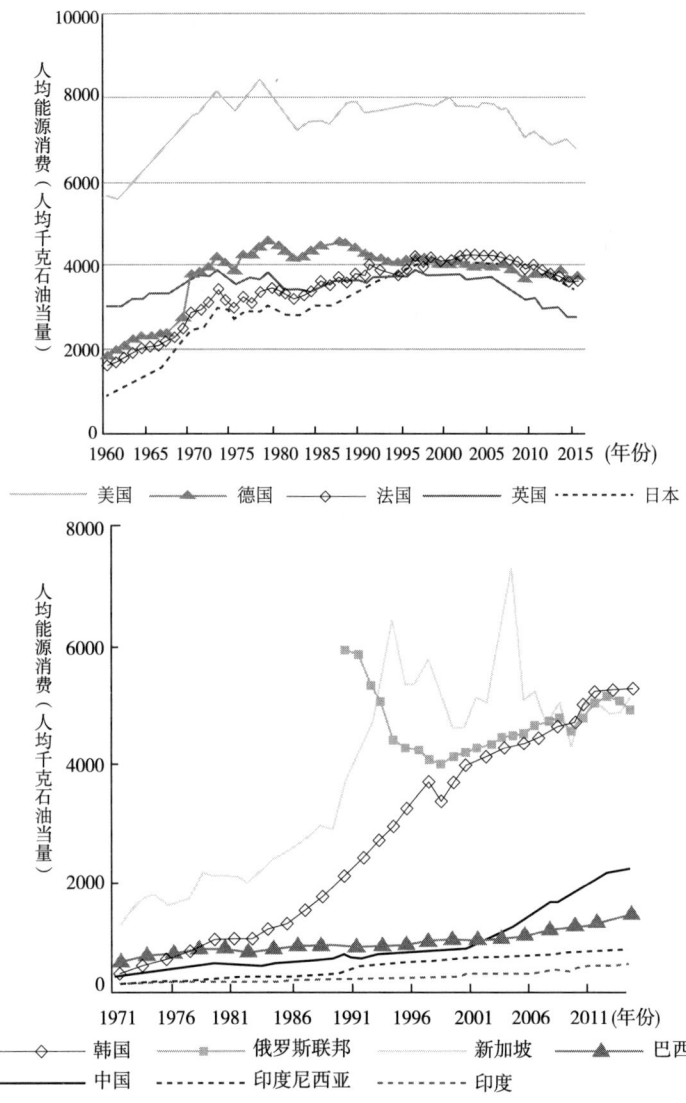

图 2-1 部分发达国家和发展中国家人均能源消费

资料来源：根据世界发展指标（世界银行）整理绘制。

其次，从能源强度（产出-能效的倒数）指标来看，通过世界主要国家的截面数据统计分析，可以看出能源强度与经济发展水平之间存在倒"U"形关系。图 2-2 是 2010 年产出-能效与人均 GDP 水平关系，二次函数拟合效果较好。这也在一定程度上印证了能源强度存在库兹涅茨曲线的假说。

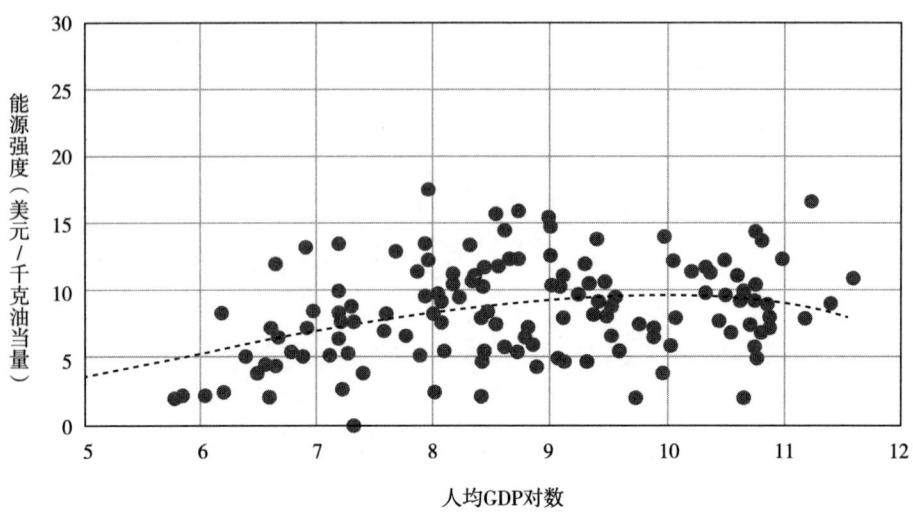

图 2-2 产出-能效与人均 GDP 水平关系（2010 年）

资料来源：根据世界发展指标（世界银行）整理绘制。

从单个国家的情况中也能看出，能源效率在不同经济发展阶段呈现出不同特点。从图 2-3 中可以发现，主要发达国家如美国、英国、德国和日本，在保持了稳定经济增长的同时，产出-能效呈不断上升趋势，而一些发展中国家如巴西、印度尼西亚，产出-能效则呈现了波动式的下降趋势。

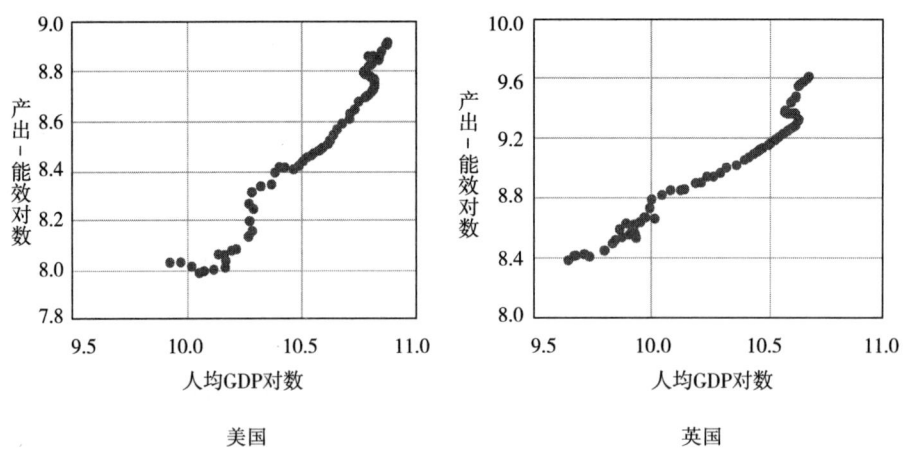

图 2-3 主要国家产出-能效变化与人均 GDP

资料来源：根据世界发展指标（世界银行）整理绘制。

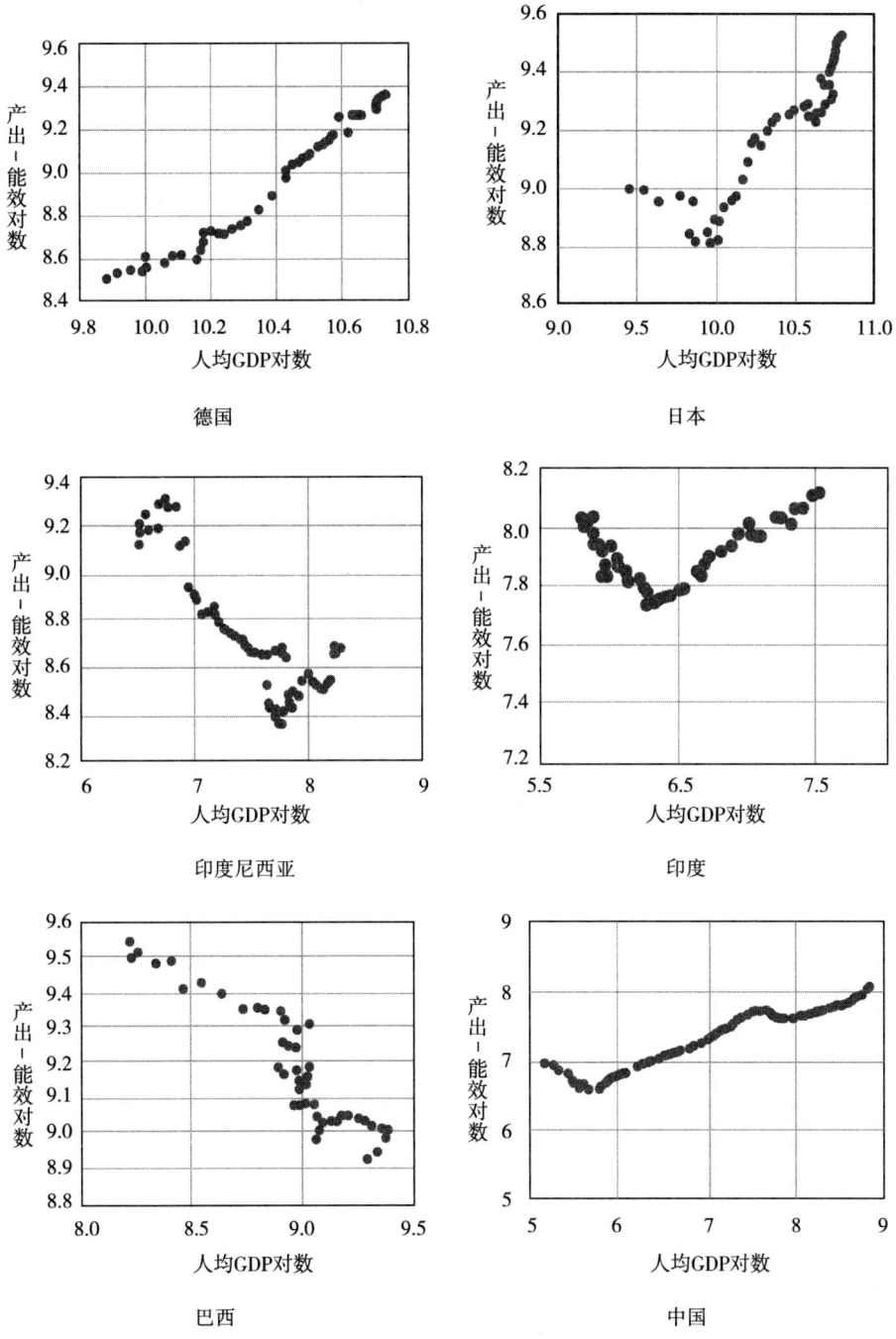

图 2-3 主要国家产出-能效变化与人均 GDP（续）

最后，能源消费波动与宏观经济波动具有很强的相关性，但并不完全同步。市场经济条件下，经济波动是一种常态，行业运行也会受宏观经济波动影响，产生周期性变化。但能源行业发展不但受国民经济周期的影响，而且还具有自身特殊的发展规律，因而呈现出独特的波动特征。根据世界银行数据库的数据，本章绘制了美国、英国和我国1960~2016年GDP和能源消费年度增长率情况（见图2-4至图2-9），从中可见，一方面，总体上各国经济增长与能源消费波动具有大体一致的变化趋势，经济增长率较高的时期能源消费增长也通常比较快，反之亦然；另一方面，两者变化并不完全同步，至少部分时期内出现了经济增长与能源消费增长差距很大的情况，而且英国、美国都曾经出现经济增长与能源消费增长背离的现象。

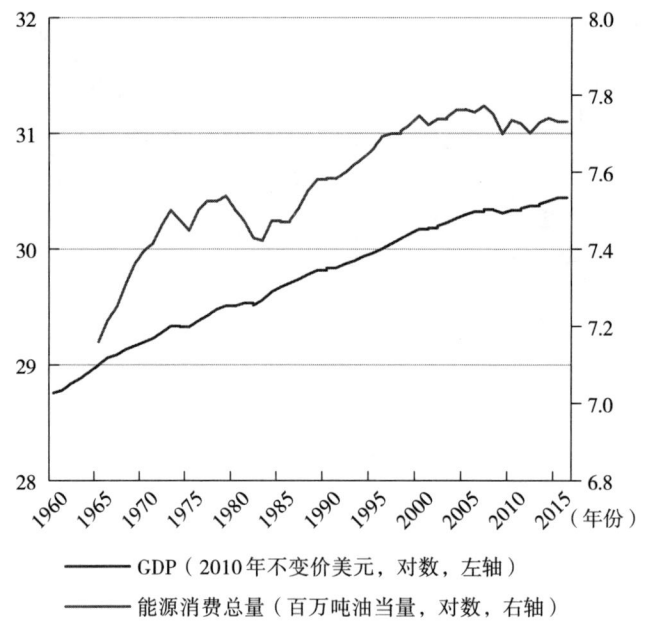

图2-4　美国GDP与能源消费趋势

事实上，能源消费与宏观经济的相关关系是在不断演进的，在不同国家或者一国不同发展时期存在不同的统计特征。通常，工业用能比重较高、单位产值能耗比较高、人均GDP比较低的国家，其能源消费通常与GDP的变化趋势、正负变动一致性更强，而且能源消费与宏观经济的相关程度相对更

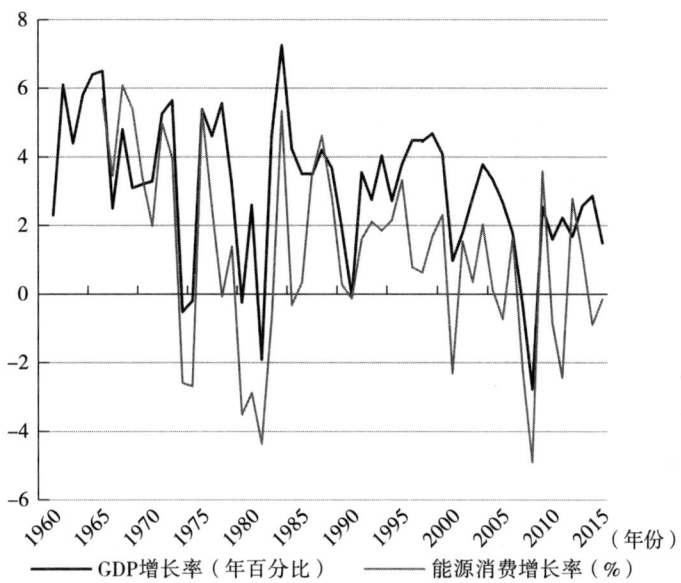

图 2-5 美国 GDP 与能源消费增长率趋势

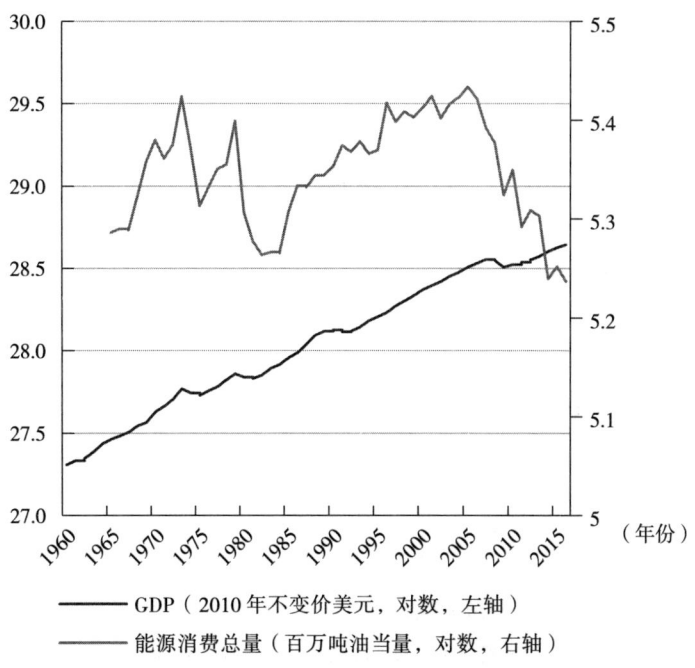

图 2-6 英国 GDP 与能源消费趋势

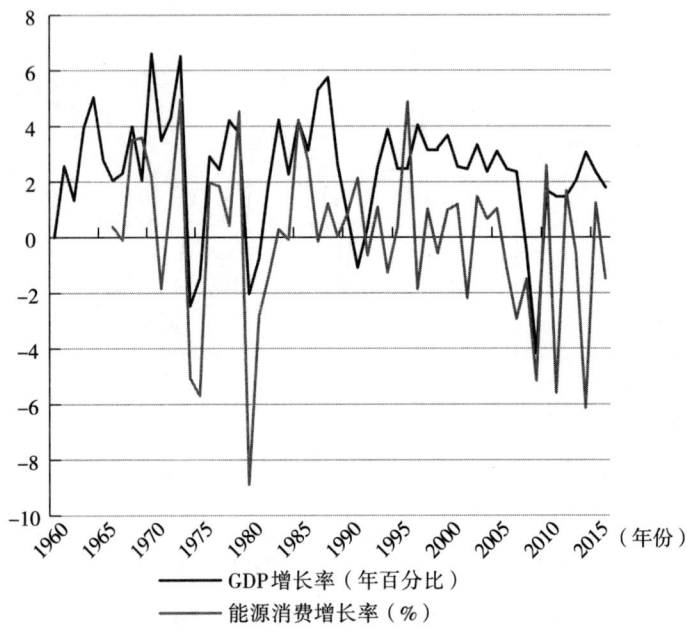

图 2-7 英国 GDP 与能源消费增长率趋势

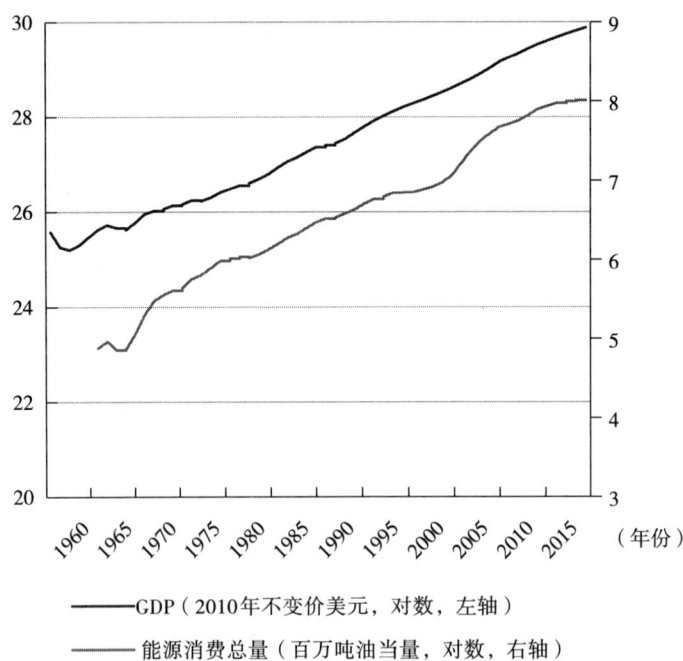

图 2-8 中国 GDP 与能源消费趋势

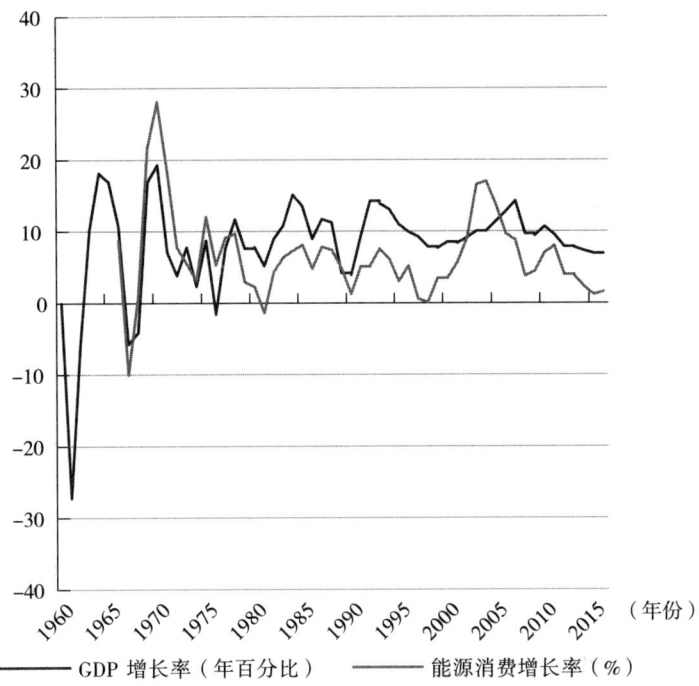

图 2-9 中国 GDP 与能源消费增长率趋势

高。总之,能源消费的变动可以看作宏观经济变动的一种结果,但引起这种变动的原因并不是唯一的或者一一对应的,还需结合多种因素进行分析。

二、宏观经济波动与能源消费波动的特点

波动分析的基础是将经济变量变动分解为趋势成分和波动成分。本章采用最为常用的 HP 滤波(Hodrick and Prescott,1997)方法来捕捉各经济变量波动状况。HP 滤波的关键是选择平滑参数,Ravn 和 Uhlig(2002)的研究表明,对于年度数据应当取 6.25。需要指出的是,本章采用产出总量与能源消费总量的比率反映经济活动中能源投入的偏要素生产率(Partial Factor Productivity),称之为产出-能源效率;同时将资本与能源投入总量的比率定义为资本-能源效率,用来衡量资本运行对能源的耗费强度,从而反映宏观经济中资本与能源的依赖关系及其变化。

图 2-10 至图 2-12 描述了滤波分析的主要结果：首先，图 2-10 提供了 1952~2014 年中国国内生产总值和能源消费总量的实际数据（对数）和 HP 滤波得到的趋势，结果显示：尽管改革开放前波动较为剧烈，但产出和能源消费大体上呈现稳定的长期增长趋势，不过能源消费的变化不如产出平滑，改革开放后也出现了一些明显波动。

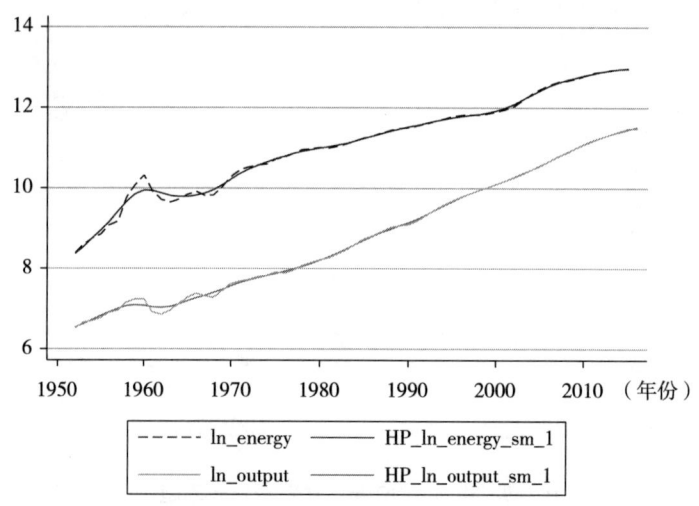

图 2-10　产出与能源消费趋势

资料来源：作者计算整理绘制。后图若无特殊说明，均由作者绘制。

其次，图 2-11 刻画了产出-能源效率和资本-能源效率状况以及两者的变化趋势，从中可见，随着经济的发展，产出-能源效率和资本-能源效率都发生了大幅变化，两者的基本趋势都是在中华人民共和国成立初期不断下降，在 20 世纪 60 年代有所改善，但经过短暂调整后又呈下降趋势，直到改革开放后才呈现出持续上升态势，而最近又有一定的下滑。特别是，图中显示"十五"期间能源效率发生了改革开放以来最为剧烈的波动，产出-能源效率和资本-能源效率都先是明显超过趋势水平而后又显著低于趋势水平。进一步的具体计算表明，2005 年产出-能源效率比 2002 年大约下降了 10%，但同期产出-能源效率趋势仅下降了约 4%，剩余的 6% 是由波动成分造成的，也就是说后者对近期能源效率下降的"贡献"超过一半。2014 年产出-能源效率比 2010 年大约提高了 15%，而同期产出-能源效率趋势则提高了约 17%，波动成分对近期能源效率的提升起到了负面贡献。

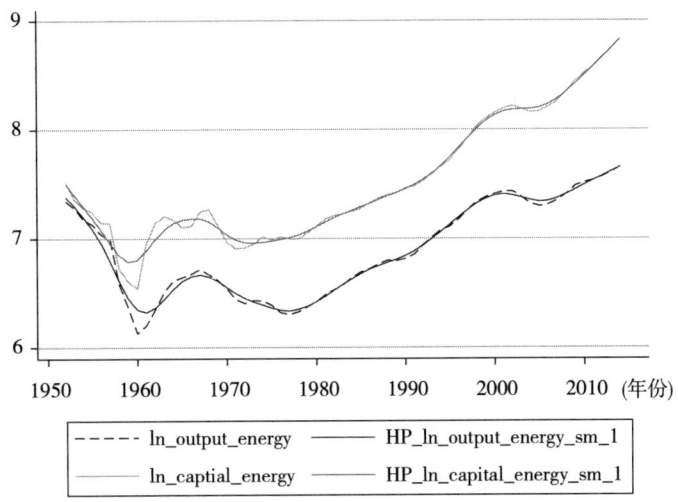

图 2-11　产出能效与资本能效趋势

最后，图 2-12 至图 2-14 直观地描述了 1952~2014 年能源消费、产出-能源效率和资本-能源效率的波动状况，其中虚线为产出，可以作为判断其他变量波动特征的参考。其中图 2-12 刻画了能源消费波动状况：能源消费与产出波动基本同步且方向一致，改革开放后变化比改革开放前更为稳定，波动幅度明显变小，但能源消费波幅略大于产出，尤其当经济繁荣时通常向上偏离更多。

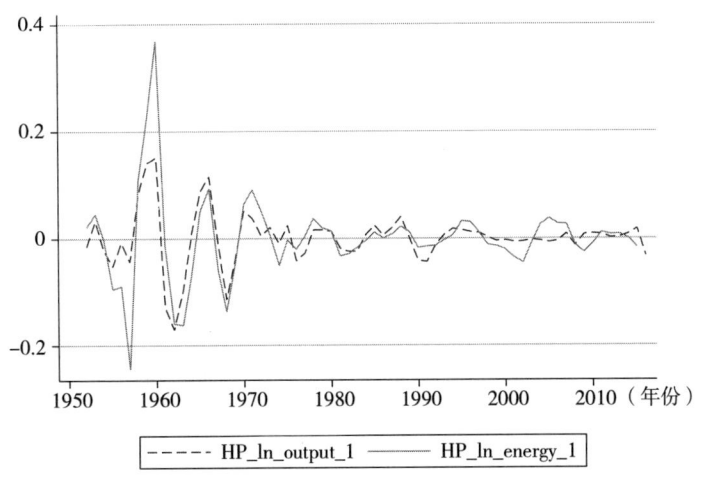

图 2-12　产出与能源消费波动

从图 2-13 和图 2-14 中可以看到，产出-能源效率和资本-能源效率波动大体同步且方向基本一致，但资本-能源效率逆周期特点更为突出，产出-能源效率波动相对更为温和。

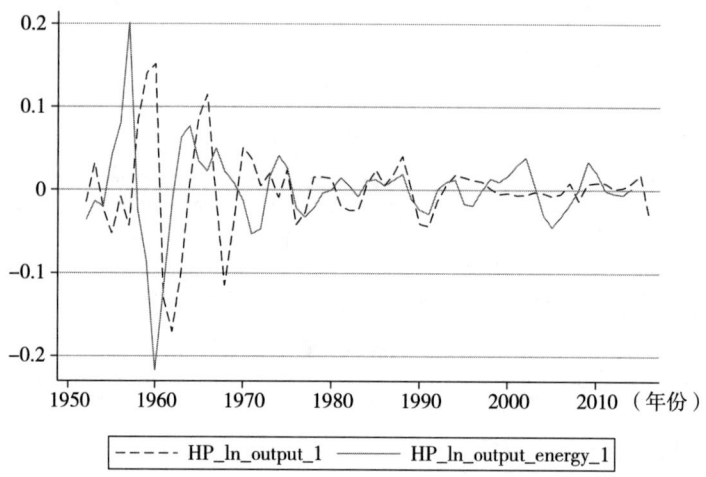

图 2-13　产出与产出能效波动

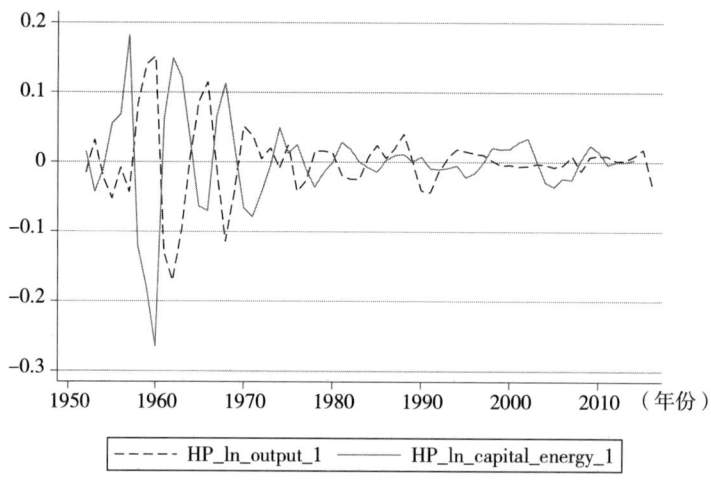

图 2-14　产出与资本能效波动

此外，表2-1提供了产出、能源消费、能源效率实际波动的主要统计指标，包括1952~2014年和1978~2014年各变量波动的标准差。从波动性来看，改革开放之后所有主要变量波动的标准差都变小了，但不同变量的波动幅度并不完全相同，能源消费的波动幅度往往大于产出，而能源效率的波动幅度大体与产出接近。从对称性来看，能源消费向上偏倚较为明显，能源效率向下偏倚较为明显，特别是资本-能源效率更为突出。从相关性来看，资本-能源效率与产出的当期相关系数为负，是强烈逆周期的，产出-能源效率与产出的当期相关系数在改革开放前后发生了符号变化，但都比较小，改革开放后基本上是温和顺周期的。

表2-1 产出、能源消费与能源效率波动的统计特征

阶段	变量	标准差	相对标准差	与GDP交叉协方差系数				
				-2	-1	0	1	2
1952~2014年	产出	5.2	1.00	-0.3338	0.4161	1	0.4161	-0.3338
	能源消费	8.1	1.56	-0.5933	0.0665	0.7986	0.5487	0.0188
	产出能源效率	5.0	0.96	0.6100	0.3207	-0.2549	-0.4556	-0.3739
	资本能源效率	6.4	1.23	0.4720	-0.2002	-0.8292	-0.4325	0.1197
1978~2014年	产出	1.7	1.00	-0.0896	0.5380	1	0.5380	-0.0896
	能源消费	2.0	1.18	-0.0785	0.1893	0.5153	0.3827	0.0572
	产出能源效率	1.9	1.12	0.0028	0.2881	0.3613	0.0779	-0.1435
	资本能源效率	1.7	1.00	-0.2489	-0.1644	-0.1182	0.0883	0.2888

以上分析充分显示了中国宏观经济波动与能源消费、能源效率的变化特征：

第一，中国能源消费与产出增长之间的关系非线性。能源消费与产出波动基本同步且方向一致，改革开放后变化比改革开放前更为稳定，波动幅度明显变小，但能源消费波幅略大于产出，尤其当经济繁荣时通常向上偏离更多。

第二，中国能源效率变动包括趋势和波动两个方面，改革开放之前趋势和波动成分都变动剧烈，改革开放后趋势较为稳定，波动成分对短期变化的

影响可能更大。

第三，改革开放以后，能源效率波动和产出波动幅度明显变小，能源效率的波动幅度也比产出略大，尤其当经济增长过快时，能源效率将大幅下降，当经济下行时，能源效率将上升，但是上升的幅度较小，即能源效率向下偏倚较为明显。

第四，资本-能源效率波动与产出基本是反向的，但产出-能源效率波动与产出之间关系较为复杂，改革开放前后发生了很大变化，改革开放后与产出之间基本是同向。

第五，结合中国经济发展的历程，我们认为经济发展战略和增长方式对中国能源效率的趋势和波动都有很大影响，但短期内生产率和价格因素对能源效率波动的影响往往更大。这表明，中国能源效率长期趋势和短期波动的决定机制是不同的，对能源效率波动原因的深入探讨，有助于我们全面理解能源效率变动的机制，并针对不同状况制定了不同的政策措施。

三、行业能源效率与产出波动的特征

我们着重从农业、工业（制造业和建筑业）、交通仓储邮政业、批发零售住宿业几个行业来总结其能源消费、能源效率呈现的特征事实。

1. 分行业来看能源消费、能源效率长期趋势

总体上来看，改革开放以来，工业、制造业的能源消费在较高的总量水平基础上保持了较快的增速，1997年受金融危机和产业结构调整的影响，能源消费总量出现短暂的下降，2000年以后工业、制造业能源消费以更快的增速上涨，2010年以后增长幅度开始趋于平缓。农业、建筑业、交通仓储邮政业、批发零售住宿业的能源消费情况与工业、制造业明显不同。农业、建筑业、批发零售住宿业基本保持了小幅的增长趋势。交通仓储邮政业在1995年以后的能源消费大幅度上涨（见图2-15）。

具体从各行业长期趋势来看，图2-16提供了1980~2015年中国农业、工业（制造业、建筑业）、交通运输仓储业、批发零售住宿业的国内生产总值和能源消费总量的实际数据（对数）和HP滤波得到的趋势。结果显示，改革开放以来，几大部门产出大体上呈现稳定的长期增长趋势，能源消费变

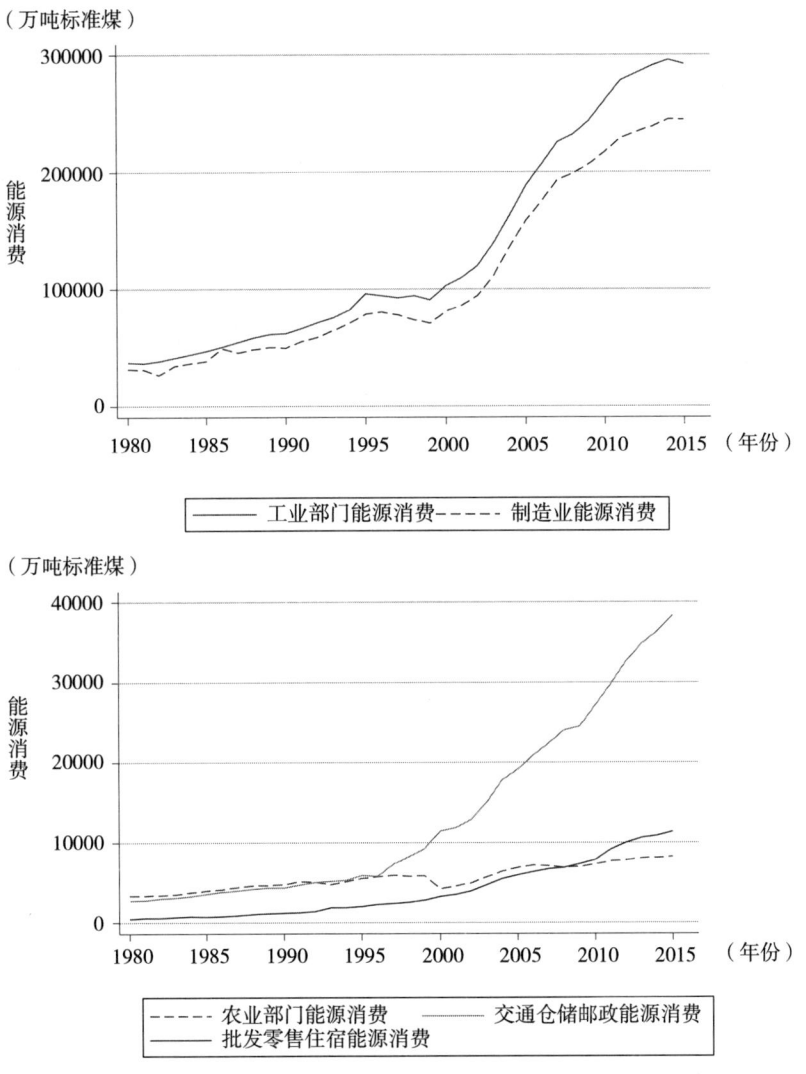

图 2-15 改革开放以后各行业能源消费变化情况

资料来源：根据历年《中国能源统计年鉴》整理绘制。

化则明显不如产出平滑，尤其是 20 世纪 90 年代以来出现了一些明显波动。

图 2-17 刻画了农业、工业（包括制造业、建筑业）、交通运输仓储业、批发零售住宿业的产出-能源效率和资本-能源效率状况以及两者的变化趋势。从中可见：

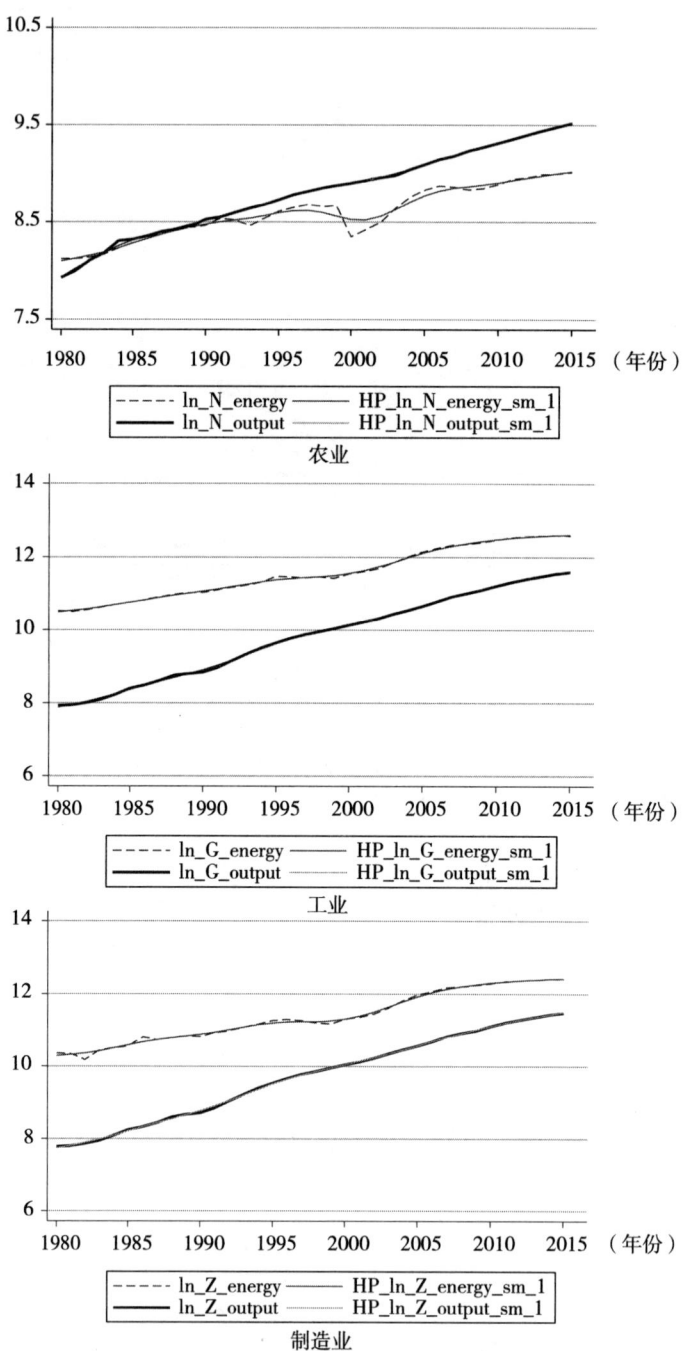

图 2-16 各部门产出与能源消费趋势

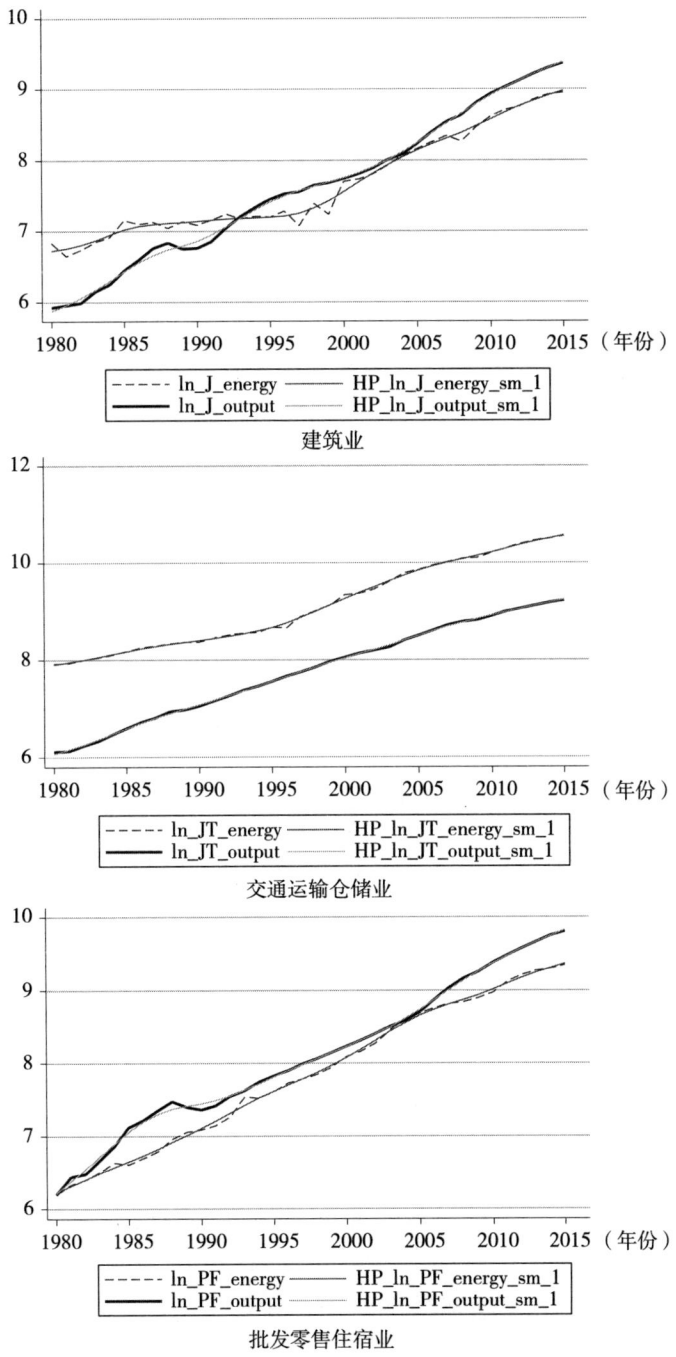

图 2-16 各部门产出与能源消费趋势（续）

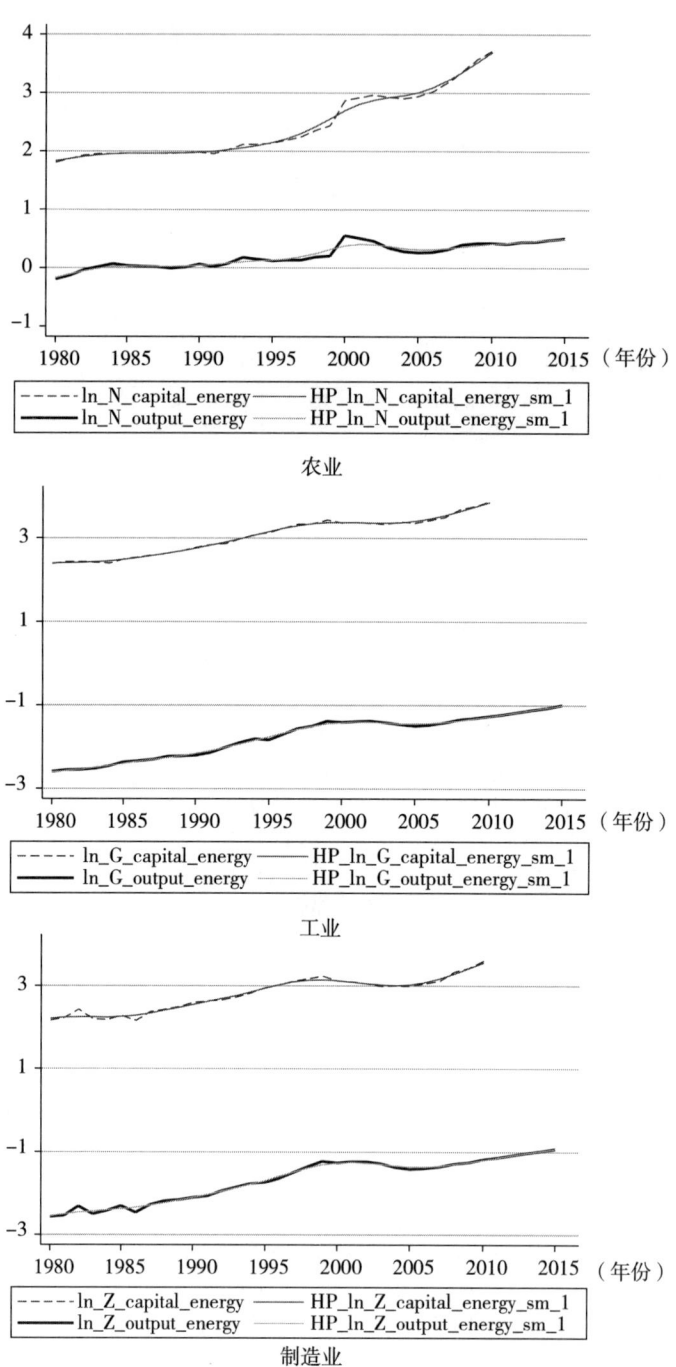

图 2-17 各部门产出-能效与资本-能效趋势

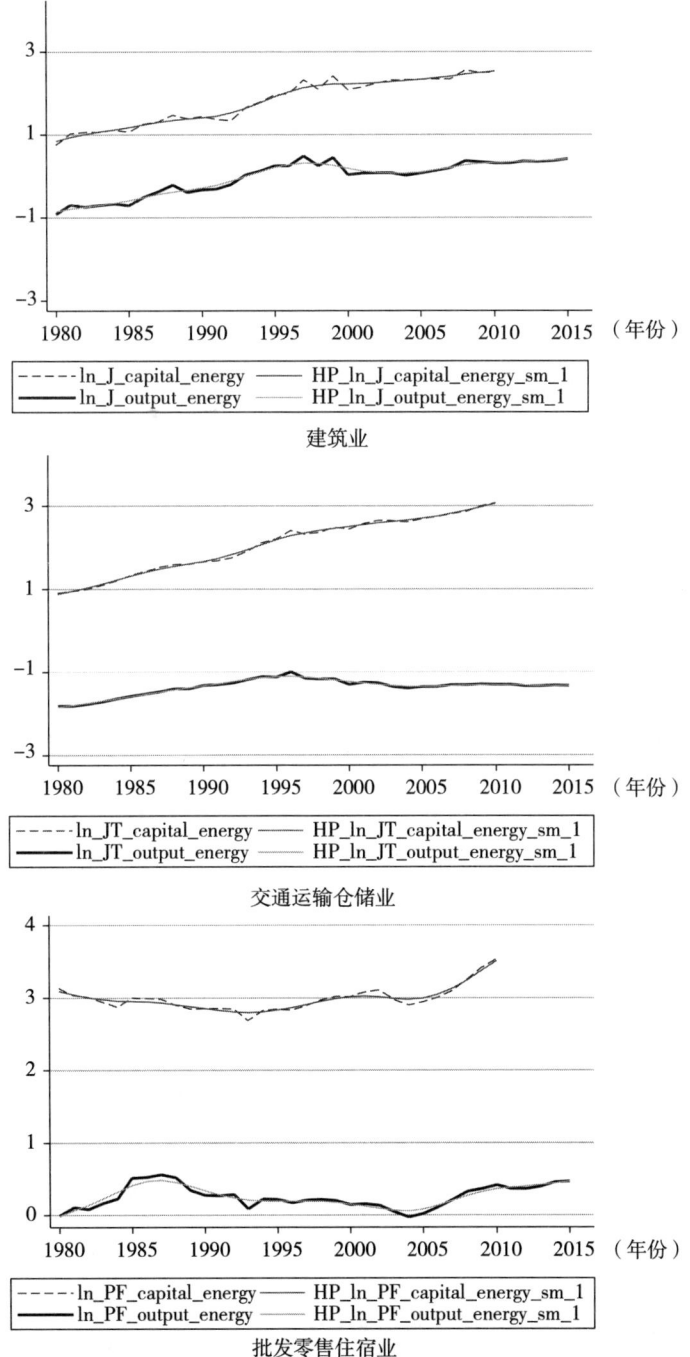

建筑业

交通运输仓储业

批发零售住宿业

图 2-17　各部门产出-能效与资本-能效趋势（续）

（1）农业部门：改革开放以后，农业部门产出-能源效率和资本-能源效率在绝大部分时间里保持稳定增长趋势（"十五"期间下降）。产出-能源效率在2000年以后，增长幅度不如资本-能源效率。图中显示"十五"期间能源效率发生了改革开放以来最为剧烈的波动，农业部门产出-能源效率和资本-能源效率都先是明显超过趋势水平而后又显著低于趋势水平。

（2）工业部门：改革开放以后，除了"十五"期间的下降，工业部门产出-能源效率和资本-能源效率基本保持稳定增长趋势。工业部门产出-能源效率在2005年以后增长幅度不如资本-能源效率。相对于农业部门，工业部门产出-能源效率和资本-能源效率波动相对平缓。

（3）制造业部门：改革开放以后，除了"十五"期间出现的下降，制造业产出-能源效率和资本-能源效率基本保持稳定增长趋势。制造业产出-能源效率在2005年以后增长幅度不如资本-能源效率。

（4）建筑业部门：改革开放以后，除了"十五"期间出现的下降，建筑业产出-能源效率和资本-能源效率基本保持稳定增长趋势。

（5）交通运输仓储业：改革开放以后，交通运输仓储业产出-能源效率逐步上升，1995年以来出现幅度不大的下降趋势，而同期，资本-能源效率基本保持稳定增长趋势。

（6）批发零售住宿业：改革开放初期批发零售住宿业产出-能源效率不断上升，在1985~2005年呈现下降趋势，2005年以后才重新呈现上升态势。而同期，资本-能源效率自改革开放起开始不断下降，1995年开始小幅度上升，在"十五"中期出现了波动，2005年以后重新开始上升。

通过对产出-能源效率的进一步的具体计算（见表2-2）：

表2-2 各部门能源效率变化分解

单位:%

部门	产出-能源效率变化（2002~2005年）	趋势因素	波动因素	产出-能源效率变化（2010~2015年）	趋势因素	波动因素
农业	-17.6	-8.6	-9	+8.4	+9.6	-1.2
工业	-10.3	-3.8	-6.5	+31	+30.4	+0.6
制造业	-16.4	-8.4	+8	+29	+30	-1

续表

部门	产出-能源效率变化（2002~2005年）	趋势因素	波动因素	产出-能源效率变化（2010~2015年）	趋势因素	波动因素
建筑业	-0.8	+1.1	-1.9	+10.7	+7.7	+3
交通运输仓储业	-9.3	-5	-4.3	-2.3	-2	-0.3
批发零售住宿业	-10.7	-0.8	-9.9	+5.6	+10.8	-5.2

（1）农业部门：2005年产出-能源效率比2002年大约下降了17.6%，但同期产出-能源效率趋势仅下降了约8.6%，剩余的9%是由波动成分造成的，也就是说，后者对近期能源效率下降的"贡献"超过一半。2015年产出-能源效率比2010年大约提高了8.4%，而同期产出-能源效率趋势则提高了约9.6%，波动成分对"十二五"期间能源效率的提升起到了负面贡献。

（2）工业部门：2005年产出-能源效率比2002年大约下降了10.3%，但同期产出-能源效率趋势仅下降了约3.8%，剩余的6.5%是由波动成分造成的，也就是说，后者对近期能源效率下降的"贡献"超过2/3。2015年产出-能源效率比2010年大约提高了31%，而同期产出-能源效率趋势则提高了约30.4%，波动成分对"十二五"期间能源效率的提升仅有0.6%的贡献。

（3）制造业：2005年产出-能源效率比2002年大约下降了16.4%，但同期产出-能源效率趋势仅下降了约8.4%，剩余的8%是由波动成分造成的。2015年产出-能源效率比2010年大约提高了29%，而同期产出-能源效率趋势则提高了约30%，波动成分对"十二五"期间能源效率的提升起到了负面贡献。

（4）建筑业：2005年产出-能源效率比2002年大约下降了0.8%，但同期产出-能源效率趋势则提高了1.1%，波动成分造成产出-能源效率下降了1.9%。2015年产出-能源效率比2010年大约提高了10.7%，而同期产出-能源效率趋势则提高了约7.7%，波动成分对"十二五"期间能源效率的提升仅有3%的贡献。

(5)交通运输仓储业:2005年产出-能源效率比2002年大约下降了9.3%,但同期产出-能源效率趋势则下降了5%,波动成分造成产出-能源效率下降了4.3%。2015年产出-能源效率比2010年大约下降了2.3%,而同期产出-能源效率趋势则下降了约2%,波动成分对"十二五"期间能源效率的下降仅有0.3%的贡献。

(6)批发零售住宿业:2005年产出-能源效率比2002年大约下降了10.7%,但同期产出-能源效率趋势则下降了0.8%,剩余的9.9%是由波动成分造成的,也就是说,后者是此期间能源效率下降的主要原因。2015年产出-能源效率比2010年大约提高了5.6%,而同期产出-能源效率则大约提高了10.8%,波动成分对"十二五"期间能源效率的提升起到了5.2%的负面贡献。

2. 分行业来看能源效率波动情况

图2-18至图2-20直观地描述了1980~2015年能源消费、产出-能源效率和资本-能源效率的波动状况,其中虚线为产出,可以作为判断其他变量波动特征的参考。其中图2-18刻画了能源消费波动状况:农业部门产出波动保持非常平稳,而能源消费波动幅度较大。从图2-19和图2-20中可以看出,产出-能源效率和资本-能源效率波动幅度明显超过产出波动;资本-能源效率

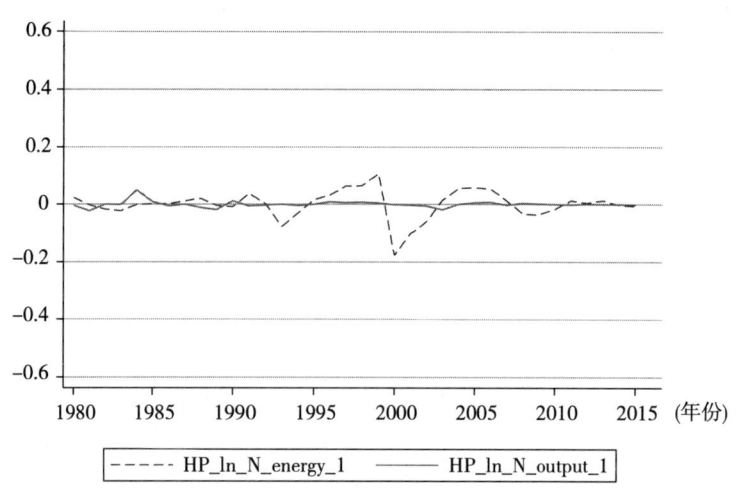

图2-18 农业部门产出与能源消费波动

与产出的当期相关系数为负,显示了逆周期的特点,尤其是 2000 年以后逆周期特征更加明显;产出-能源效率波动相对温和,且顺周期。农业产出、能源消费与能源效率波动的统计特征如表 2-3 所示。

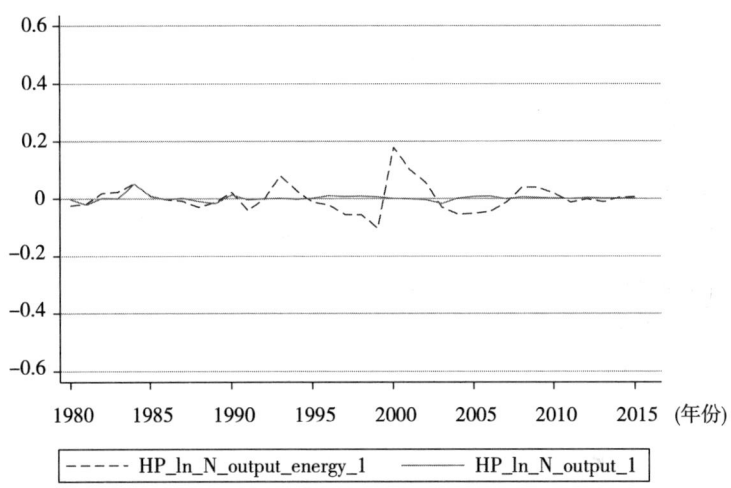

图 2-19 农业部门产出与产出能效波动

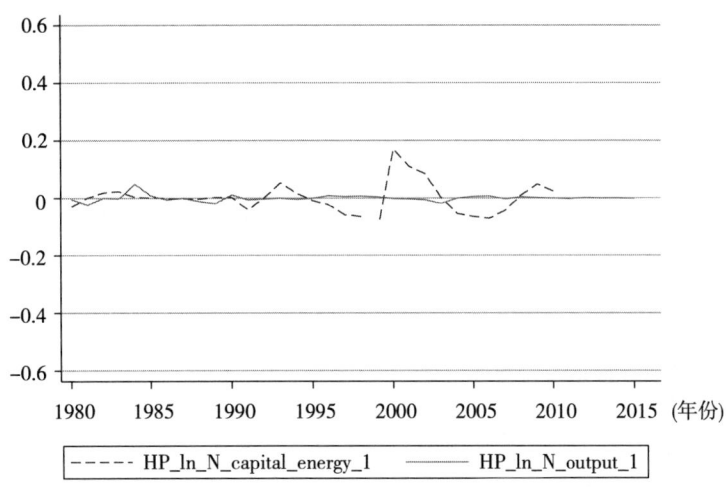

图 2-20 农业部门产出与资本能效波动

表 2-3　农业产出、能源消费与能源效率波动的统计特征

阶段	变量	标准差	相对标准差	与GDP交叉协方差系数				
				-2	-1	0	1	2
1980~1999年	产出	1.42	1	-0.0873	0.0982	1	0.0982	-0.0873
	能源消费	2.43	1.71	-0.2421	-0.2442	-0.0032	0.2097	0.0418
	产出能源效率	2.82	1.99	0.1625	0.2576	0.5060	-0.1305	-0.0789
	资本能源效率	1.99	1.40	0.2939	0.2757	0.0165	-0.2261	0.0132
2000~2014年	产出	0.60	1	-0.3256	0.2040	1	0.2041	-0.3263
	能源消费	2.61	4.35	0.3334	0.5585	0.1458	-0.3668	-0.6601
	产出能源效率	2.59	4.32	-0.4128	-0.5139	0.0903	0.4128	0.5968
	资本能源效率	3.98	6.63	-0.3124	-0.6580	-0.2859	0.2528	0.5347
1980~2014年	产出	1.12	1	-0.0604	0.1379	1	0.1378	-0.0600
	能源消费	5.05	4.5089	0.1381	0.0988	0.1107	0.0788	-0.0784
	产出能源效率	5.08	4.5357	-0.1515	-0.0682	0.1106	-0.0483	0.0662
	资本能源效率	5.59	4.9911	-0.1329	-0.1277	-0.1327	-0.0905	0.0724

图 2-21 刻画了工业部门能源消费波动状况：工业部门能源消费波幅略大于产出，尤其当经济繁荣时通常向上偏离更多。从图 2-22 和图 2-23 中可以

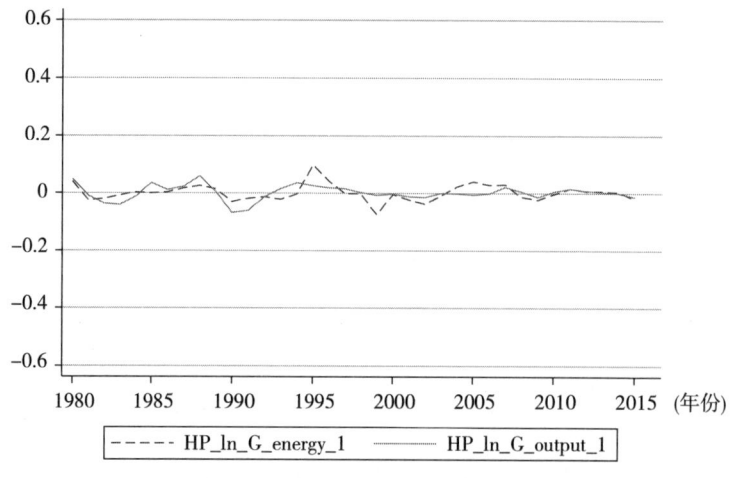

图 2-21　工业部门产出与能源消费波动

看到，工业部门资本-能源效率与当期产出相关系数为负，表现出温和的逆周期特点，产出-能源效率波动则表现出较强的顺周期特点，值得注意的是2000年以后产出-能源效率波动呈现出温和的逆周期特征。工业产出、能源消费与能源效率波动的统计特征如表2-4所示。

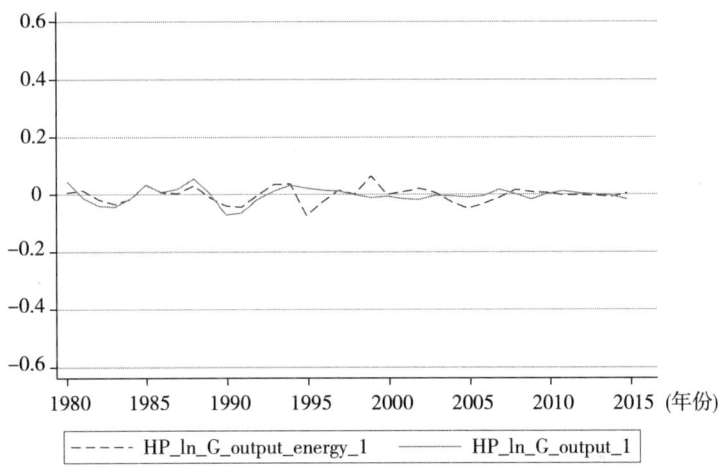

图2-22　工业部门产出与产出能效波动

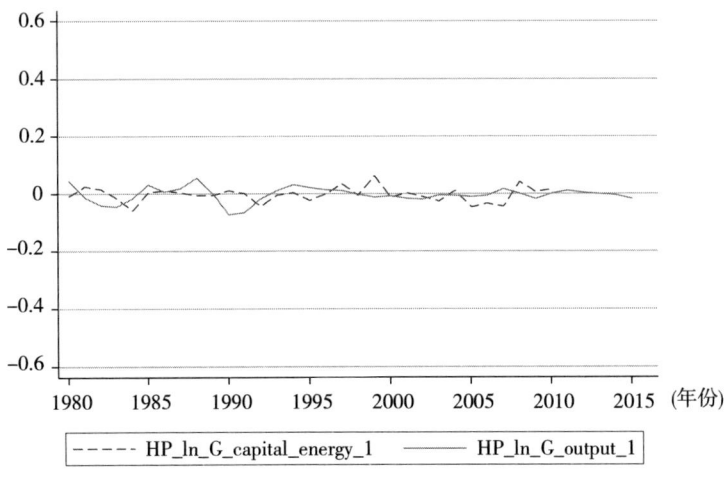

图2-23　工业部门产出与资本能效波动

表 2-4 工业产出、能源消费与能源效率波动的统计特征

阶段	变量	标准差	相对标准差	与 GDP 交叉协方差系数				
				-2	-1	0	1	2
1980~1999年	产出	3.45	1	-0.2258	0.4901	1	0.4901	-0.2258
	能源消费	2.90	0.84	-0.1783	0.2492	0.5957	0.4042	0.1676
	产出能源效率	2.90	0.84	-0.0944	0.3377	0.5929	0.1669	-0.4144
	资本能源效率	2.16	0.63	-0.2288	-0.2310	0.0545	0.4706	0.4840
2000~2014年	产出	1.04	1	-0.6304	0.0286	1.0000	-0.0544	-0.6159
	能源消费	2.33	2.24	-0.0520	0.2249	0.5335	-0.2445	-0.6650
	产出能源效率	1.91	1.84	-0.2263	-0.2491	-0.1668	0.2477	0.4754
	资本能源效率	2.83	2.72	-0.0057	-0.4532	-0.0788	0.5895	0.2143
1980~2014年	产出	2.60	1	-0.2150	0.4754	1.0000	0.4752	-0.2094
	能源消费	2.92	1.1231	-0.0403	0.2593	0.5091	0.2914	0.0679
	产出能源效率	2.72	1.0462	-0.1605	0.1742	0.4050	0.1245	-0.2583
	资本能源效率	2.61	1.0038	-0.1622	-0.2614	-0.0327	0.3790	0.4053

图 2-24 刻画了制造业部门能源消费波动状况：改革开放初期，能源消费波动幅度较大。2000 年以后波动幅度变小。从图 2-25 和图 2-26 中可以

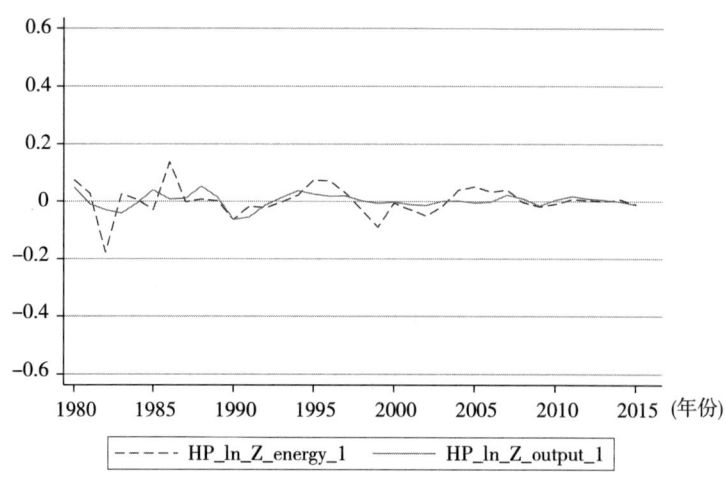

图 2-24 制造业部门产出与能源消费波动

看到，制造业资本-能源效率波动表现出比较强的逆周期特征。产出-能源效率与当期产出相关系数在 2000 年前后发生了变化，2000 年以后则表现逆周期特征。制造业产出、能源消费与能源效率波动的统计特征如表 2-5 所示。

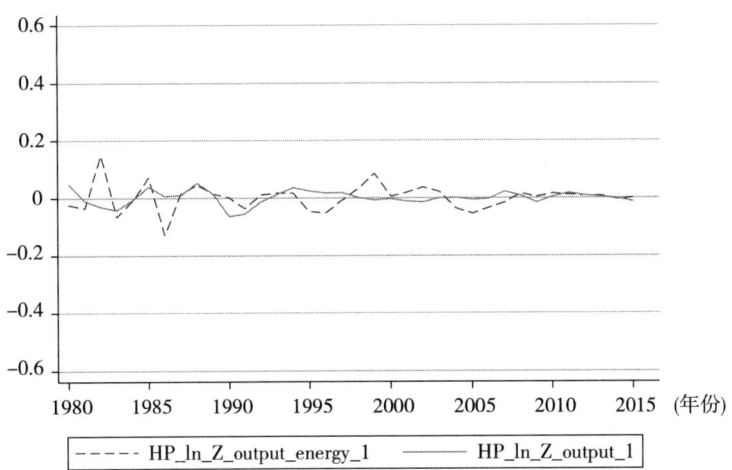

图 2-25 制造业部门产出与产出能效波动

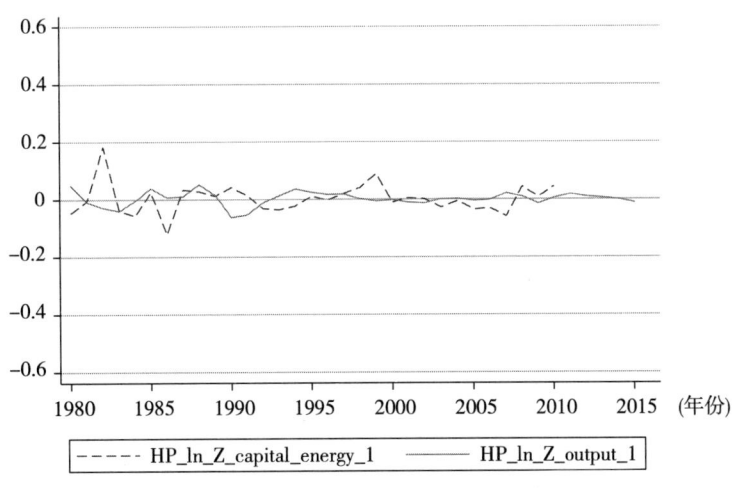

图 2-26 制造业部门产出与资本能效波动

表 2-5　制造业产出、能源消费与能源效率波动的统计特征

阶段	变量	标准差	相对标准差	与 GDP 交叉协方差系数				
				-2	-1	0	1	2
1980~1999 年	产出	3.04	2.02	0.1943	0.6357	1	0.6357	0.1943
	能源消费	6.14	2.05	-0.4373	0.1255	0.2176	0.4414	0.5065
	产出能源效率	6.23	1.90	0.5169	0.1818	0.2738	-0.1152	-0.4148
	资本能源效率	5.79	2.02	0.1932	-0.2718	-0.1963	-0.1718	-0.1572
1999~2014 年	产出	1.07	1	-0.7263	-0.0220	1.0000	-0.0745	-0.6984
	能源消费	2.86	2.67	-0.0873	0.1260	0.5204	-0.0379	-0.5965
	产出能源效率	2.51	2.35	-0.1617	-0.1514	-0.2331	0.0162	0.4115
	资本能源效率	3.42	3.20	0.1494	-0.3602	-0.1489	0.3521	0.3863
1980~2014 年	产出	2.47	1	-0.2790	0.4094	1.0000	0.4104	-0.2702
	能源消费	5.18	2.0972	0.1817	0.3527	0.4409	0.3311	-0.2218
	产出能源效率	4.65	1.8826	-0.3489	-0.1775	0.0348	-0.1555	0.1068
	资本能源效率	5.31	2.1498	-0.3081	-0.3739	-0.2081	0.0482	0.5603

图 2-27 刻画了建筑业能源消费波动状况：建筑业能源消费波动与产出波动都表现出较大的波动特征，能源消费波动幅度又明显超过了产出波动，

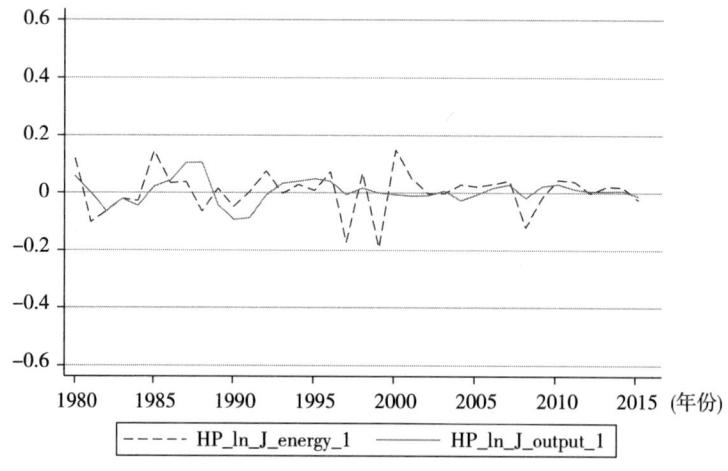

图 2-27　建筑业产出与能源消费波动

2000 年以后波动幅度有所减小。从图 2-28 和图 2-29 中可以看到，建筑业产出-能源效率和资本-能源效率则表现了顺周期特征，资本-能源效率波动相对更为温和。但是，2000 年以后，资本-能源效率则表现强逆周期特征。建筑业产出、能源消费与能源效率波动的统计特征如表 2-6 所示。

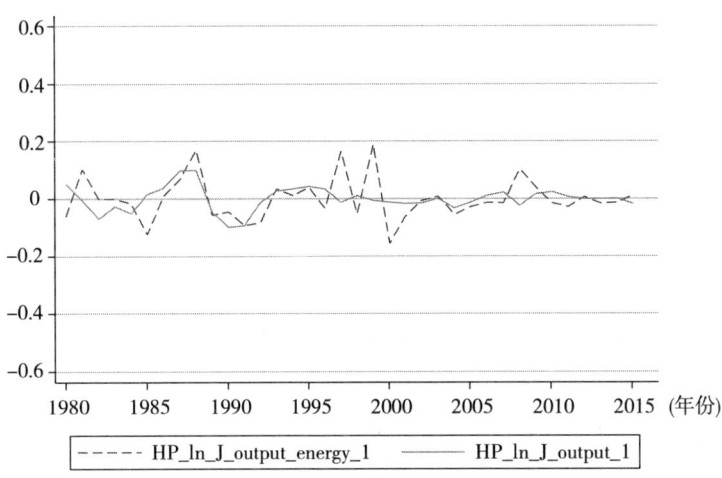

图 2-28 建筑业产出与产出能效波动

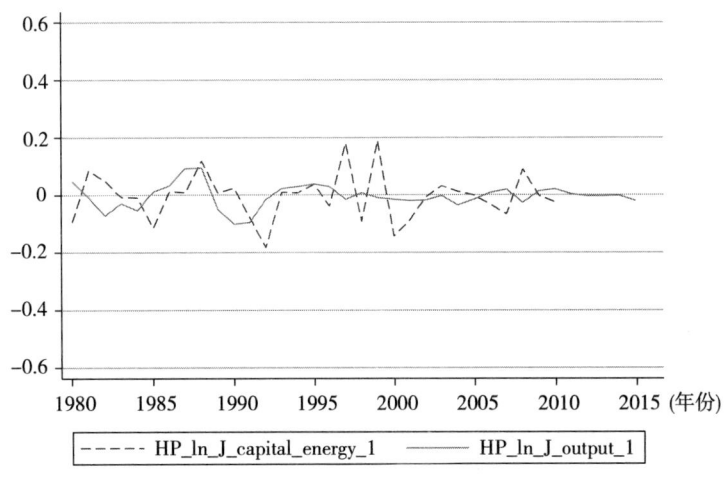

图 2-29 建筑业产出与资本能效波动

表 2-6 建筑业产出、能源消费与能源效率波动的统计特征

阶段	变量	标准差	相对标准差	与 GDP 交叉协方差系数				
				-2	-1	0	1	2
1980~ 1999 年	产出	5.50	1	-0.1226	0.5228	1	0.5228	-0.1226
	能源消费	7.66	1.39	0.3286	0.3178	0.2761	-0.2889	-0.2388
	产出能源效率	8.10	1.47	-0.3966	0.0544	0.4178	0.6107	0.1261
	资本能源效率	8.70	1.58	-0.4187	-0.1588	0.0931	0.6313	0.3939
2000~ 2014 年	产出	1.77	1	-0.1913	0.0840	1	0.0370	-0.2769
	能源消费	4.19	2.37	-0.1344	-0.2315	0.4544	-0.3021	-0.6490
	产出能源效率	3.68	2.08	0.0589	0.3001	-0.0297	0.3472	0.5894
	资本能源效率	4.24	2.40	0.0770	0.0973	-0.6228	0.1017	0.5631
1980~ 2014 年	产出	4.18	1	-0.1140	0.4993	1	0.4988	-0.1179
	能源消费	7.30	1.7464	0.2000	0.2302	0.2385	-0.2565	-0.2260
	产出能源效率	7.48	1.7895	-0.2584	0.0556	0.3279	0.5178	0.1459
	资本能源效率	8.42	2.0144	-0.2686	-0.1269	0.0436	0.5354	0.3458

图 2-30 描述了交通仓储邮政业能源消费波动状况：交通仓储邮政业能源消费波动与产出波动基本同步且同方向，但能源消费波幅略大于产出。从

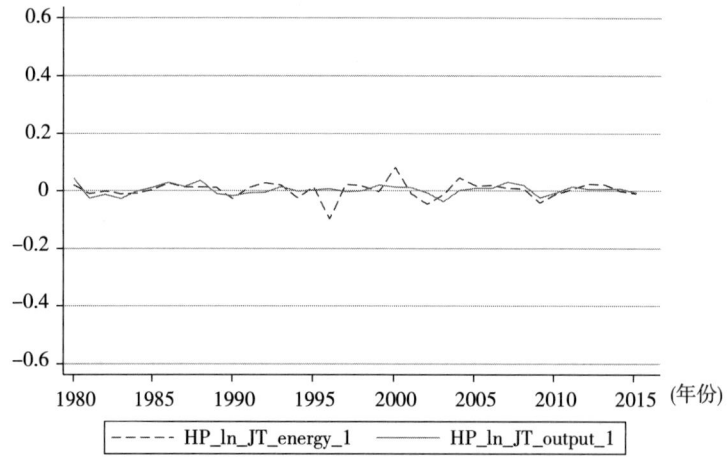

图 2-30 交通仓储邮政产出与能源消费波动

图 2-31 和图 2-32 中可以看到，交通仓储邮政业资本-能源效率、产出-能源效率波动幅度均大于产出，其中资本-能源效率波动幅度更为明显。产出-能源效率与当期产出相关系数为正，表现出温和的顺周期特征。资本-能源效率与当期产出相关系数则在 2000 年以后发生了符号变化，2000 年以后呈现较强的逆周期特征。交通运输仓储业产出、能源消费与能源效率波动的统计特征如表 2-7 所示。

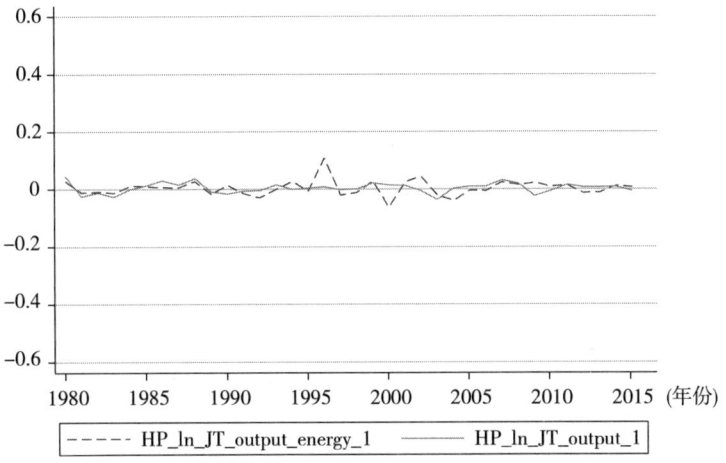

图 2-31　交通仓储邮政产出与产出能效波动

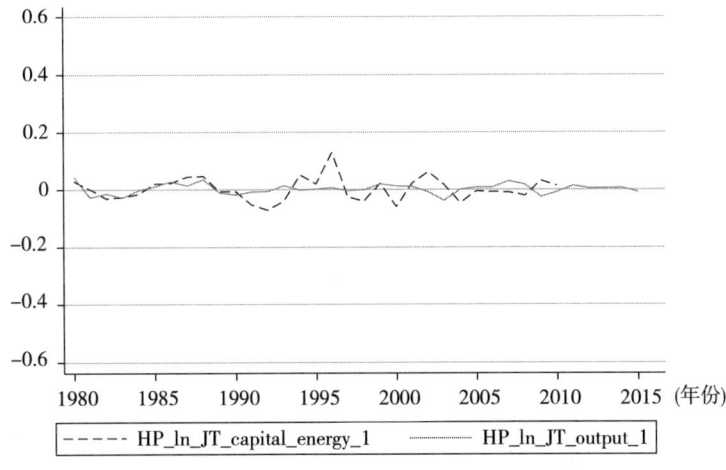

图 2-32　交通仓储邮政产出与资本能效波动

表 2-7 交通运输仓储业产出、能源消费与能源效率波动的统计特征

阶段	变量	标准差	相对标准差	与 GDP 交叉协方差系数				
				-2	-1	0	1	2
1980~1999 年	产出	1.91	1	0.0181	0.1222	1	0.1222	0.0181
	能源消费	2.88	1.51	0.1092	0.1349	0.2337	0.0184	-0.0247
	产出能源效率	3.06	1.60	-0.0911	-0.0499	0.4037	0.0489	0.0326
	资本能源效率	4.60	2.41	-0.2041	0.0696	0.4443	0.3942	0.1096
1999~2014 年	产出	1.61	1	-0.4652	0.1845	1.0000	0.2246	-0.4095
	能源消费	2.75	1.71	0.1661	0.6197	0.4642	-0.4500	-0.6350
	产出能源效率	2.45	1.52	-0.4927	-0.5708	0.1412	0.6427	0.4313
	资本能源效率	3.35	2.08	-0.0805	-0.5485	-0.4537	0.3497	0.4477
1980~2014 年	产出	1.79	1	-0.1489	0.1676	1.0000	0.1822	-0.1173
	能源消费	2.89	1.6145	0.0399	0.3187	0.3461	-0.0168	-0.2141
	产出能源效率	2.82	1.5754	-0.1354	-0.2195	0.2815	0.1240	0.1544
	资本能源效率	4.12	2.3017	-0.1226	-0.1293	0.1741	0.2969	0.1982

图 2-33 刻画了批发零售住宿业能源消费波动状况：批发零售住宿业能源消费波动与产出波动基本同步且同方向，但 2000 年以后，能源消费波动与

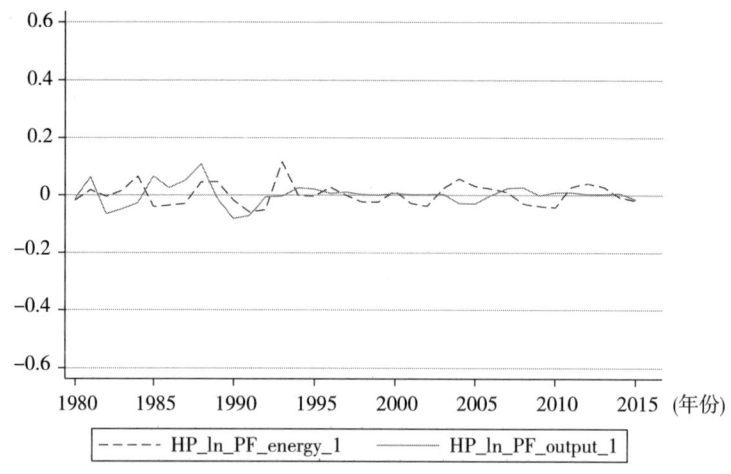

图 2-33 批发零售住宿业产出与能源消费波动

产出波动表现了强烈的逆周期特征。从图 2-34 和图 2-35 中可以看到，批发零售住宿业产出-能源效率和资本-能源效率波动大体同步且方向基本一致。产出-能源效率与当期产出相关系数为正，表现了很强的顺周期特征，资本-能源效率则表现了较温和的顺周期特征。批发零售住宿业产出、能源消费与能源效率波动的统计特征如表 2-8 所示。

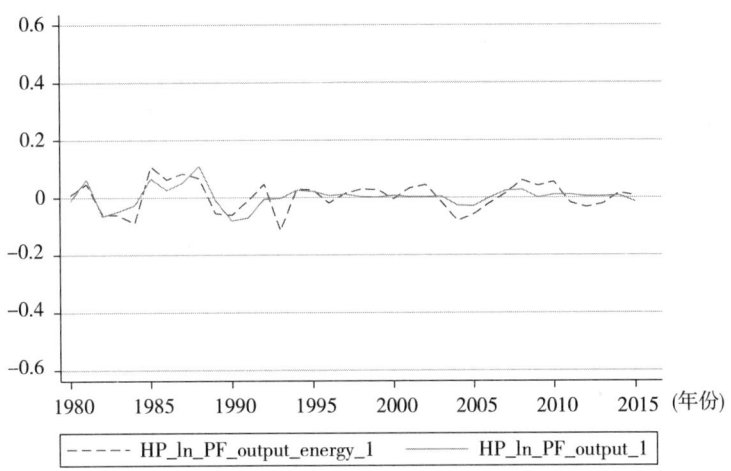

图 2-34　批发零售住宿业产出与产出能效波动

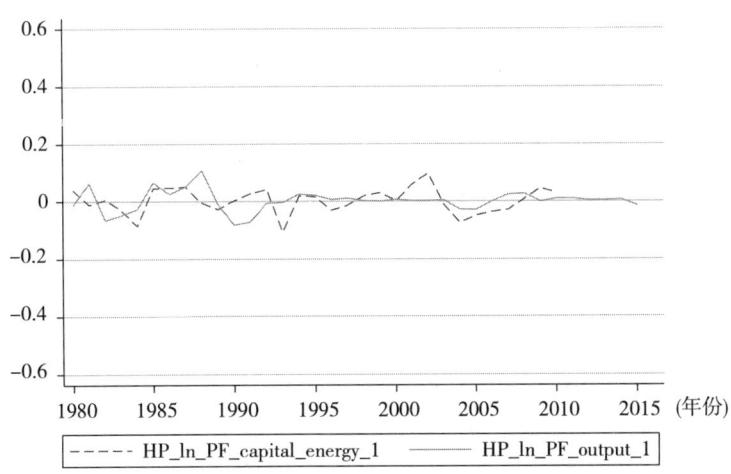

图 2-35　批发零售住宿业产出与资本能效波动

表 2-8 批发零售住宿业产出、能源消费与能源效率波动的统计特征

阶段	变量	标准差	相对标准差	与 GDP 交叉协方差系数				
				-2	-1	0	1	2
1980~1999年	产出	4.77	1	-0.1480	0.2923	1	0.2923	-0.1480
	能源消费	4.16	0.87	-0.2293	-0.1017	0.1013	0.2288	-0.0892
	产出能源效率	6.00	1.26	0.0404	0.3028	0.7246	0.0743	-0.0519
	资本能源效率	4.17	0.87	0.0616	0.1740	0.1875	0.0475	0.1397
1999~2014年	产出	1.61	1	-0.1729	0.4869	1	0.4784	-0.1771
	能源消费	3.23	2.01	0.1926	-0.3443	-0.5213	-0.6079	-0.5496
	产出能源效率	4.08	2.53	-0.2100	0.4461	0.7799	0.6206	0.3222
	资本能源效率	4.95	3.08	-0.4574	0.1655	0.3459	0.5598	0.5876
1999~2014年	产出	3.66	1	-0.1494	0.3053	1	0.3046	-0.1497
	能源消费	3.77	1.0301	-0.1639	-0.1316	0.0113	0.1138	-0.1453
	产出能源效率	5.19	1.4180	0.0102	0.3107	0.7033	0.1356	0.0006
	资本能源效率	4.47	1.2213	-0.0323	0.1598	0.1996	0.1118	0.1784

四、能源消费、效率波动原因分析

1. 宏观经济周期性波动对能源消费波动的影响

经济发展水平通常决定了能源消费的中长期趋势。宏观经济波动则对能源消费波动的影响更为直接和显著。从经济周期理论来看，在市场经济条件下，在周期性波动是现在宏观经济运行过程中的普遍现象，乃至常态。其主要表现为，经济增长速度短期的变化及其带来的其他经济指标的变化，形成经济增长的高峰和低谷。

（1）经济增长的高峰期最明显的表现是：国民收入高于充分就业的水平，生产迅速增加，投资增加，信用扩张，价格水平上升，就业增加，公众对未来乐观。宏观经济增长的高峰期对能源消费带来的正面作用比较显著，由于整个社会经济活动的活跃，带来了较强的能源需求，甚至出现能源供应严重不足的情况。比如，在 2000~2010 年中国经济高速增长的近 10 年中，

经常出现用电高峰期的拉闸限电。同时，在经济高峰期，居民对未来预期乐观，享受资料的消费，生活用能的需求也将提高，这都可能导致能源需求的高增长。当经济增长在内在机制制约下开始向下波动时，能源需求也随之减少。

（2）经济低谷期的表现是：国民收入低于充分就业水平，宏观经济增长较慢，生产急剧减少，投资减少，信用紧缩，价格水平下跌，失业严重，公众对未来悲观。经济发展的低谷期对能源行业发展会产生不利影响。此时，社会需求不振，生产能力大量过剩，产品销售不旺，社会购买力下降，生产、生活用能需求均下降，由此影响了能源需求量的增长。当经济衰退到底部时，收入不再下降，在投资乘数作用下，经济逐渐复苏，能源需求也将随之增加。因此，经济的起伏波动，必然使能源需求出现相应的波动。

特别需要指出的是，我国能源效率的短期变化与产出波动具有很强的关联性，而且在经济波动的影响下，能源效率波动呈现出非对称性特征。对此，吴利学（2009）提出了解释这一现象的假说，他从微观企业视角强调不同宏观条件下资本利用状况的变化可能是能源效率波动的关键：当经济处于繁荣时期，企业的设备往往超负荷运转，并且低效的备用设备也会投入使用，过高的资本利用强度大大增加了对电力等能源的消耗，能源利用效率自然处于较低水平；而在萧条时期，企业总是倾向于优先使用最为先进的设备，并且较低的开工率自然减少了能源消耗，因而能源利用效率提高。特别是由于企业一般都需要维持一些固定能源消费，同时当严重开工不足时还会因"无效开工"等原因造成能源效率下降，所以能源效率的波动通常是不对称的（繁荣时期波幅更大）。这对于我们认识能源波动和经济波动在一定程度上的差异很有帮助，能够在很大程度上解释金融危机以来我国能源消费的波动轨迹。此外，当经济出现剧烈波动时，原材料生产与终端消费不但出现结构上的差异，还会出现产业流程时间坐标上的错位，也会导致能源消费与宏观经济波动出现脱节。

2. 高耗能产业增长波动对能源消费波动的影响

从宏观层面来看，中国能源效率波动的不对称受到了中国的产业结构（主要是工业结构）和增长模式的影响。从行业来看，我国长期以来依靠发展工业来带动经济的增长，为达到经济的高速增长，忽视了农业和邮电交通运输业的发展，使之变成经济瓶颈。这种发展模式在当前阶段具有必然性，但其中的弊端也非常明显，特别是近年来重工业景气波动主导宏观经济景气波动，资源、能源和高耗能行业发展形成工业内部需求旺盛的态势，但一旦最终需求不足表现出来，经济就必然出现剧烈波动。在2008年的金融危机中，外部需求下降首先体现在服装、鞋帽和玩具等日常消费品上，然后是电子产品，并随之扩展到汽车、机械等行业，因此对中国经济的影响逐步从出口型的轻纺、电子产业向原材料行业、装备制造业扩散。随着外部影响的加深，重化工业成为受冲击最严重的领域，电力、钢铁、冶金工业、建筑材料等行业增速持续大幅下挫，甚至出现了连续负增长。而重化工业集中了中国近60%的能源消费，且重化工业能源强度非常高，因此这些行业的波动直接导致了能源消费的大幅度波动。以六大主要耗能制造业为例，制造业能耗占全部能源消耗的60%以上，六个主要耗能制造业能耗总量占制造业总能耗的80%左右，而且这六个行业都是能源消耗强度最高的六个行业。其中，黑色金属冶炼及压延加工业能耗占制造业总能耗的30%以上、化学原料及化学制品制造业能耗占制造业总能耗的16%左右、非金属矿物制品业能耗占制造业总能耗的15%左右。表2-9是根据统计数据计算的中国制造业能源强度（2010年值）。从计算结果来看，石油加工、炼焦及核燃料加工业能源强度高达41.88吨标准煤/元，其他行业按照能源强度大小顺序排列的前六位高耗能制造业分别为：黑色金属冶炼及压延加工业（17.90吨标准煤/元）、非金属矿物制品业（8.38吨标准煤/元）、化学原料及化学制品制造业（6.99吨标准煤/元）、有色金属冶炼及压延加工业（5.69吨标准煤/元）、造纸及纸制品业（3.48吨标准煤/元）。

表2-9 制造业能源强度（2010年）

行　　业	能源消费总量 （万吨标准煤）	工业增加值 （亿元）	能源强度 （吨标准煤/元）
农副食品加工业	2795.37	1997	1.40
食品制造业	1563.34	1027	1.52
饮料制造业	1191.44	1471	0.81
烟草制品业	233.80	2028	0.12
纺织业	6251.01	3530	1.77

续表

行　　业	能源消费总量 （万吨标准煤）	工业增加值 （亿元）	能源强度 （吨标准煤/元）
纺织服装、鞋、帽制造业	713.08	1401	0.51
皮革、毛皮、羽毛（绒）及其制品业	384.48	774	0.50
木材加工及木、竹、藤、棕、草	1049.09	1059	0.99
家具制造业	183.81	465	0.40
造纸及纸制品业	4101.00	1177	3.48
印刷业和记录媒介的复制	357.48	694	0.52
文教体育用品制造业	214.62	464	0.46
石油加工、炼焦及核燃料加工业	15328.29	366	41.88
化学原料及化学制品制造业	28946.07	4144	6.99
医药制造业	1354.58	2501	0.54
化学纤维制造业	1436.85	911	1.58
橡胶制品业	1344.72	790	1.70
塑料制品业	1894.96	1725	1.10
非金属矿物制品业	26882.28	3209	8.38
黑色金属冶炼及压延加工业	56404.37	3151	17.90
有色金属冶炼及压延加工业	11401.37	2004	5.69
金属制品业	3037.78	2112	1.44
通用设备制造业	2985.24	3853	0.77
专用设备制造业	1671.52	2511	0.67
交通运输设备制造业	3031.90	6300	0.48
电气机械及器材制造业	1854.48	5706	0.33
通信设备、计算机及其他电子设备	2216.28	14867	0.15
仪器仪表及文化、办公用机械	291.92	1219	0.24

资料来源：根据《中国能源统计年鉴》《中国工业经济统计年鉴》（2011）整理计算而得。

能源消费过于向工业集中，工业的比重有小幅度的变动，都会引起能源消费有较大幅度增减，使经济结构变动对能源消费的影响作用大大增加。中国宏观经济波动在产业层面主要集中在工业领域，尤其是中国重工业比重较高的经济结构，六个主要高耗能产业增长波动特征较为明显。2000~2010年，中国重化工业快速发展，从图2-36中可以直观地看到，在此期间，六大高耗能产业增加一直保持了高水平的剧烈波动状态。2008年六大高耗能产业平均用能增速高达10%，比全社会用能平均增速高2.2个百分点，而在2009年却骤降为5.8%。如果结合图2-13，可以发现当重工业增长较快时，产出-能效则以更明显的幅度下降。而在2005年、2009年受外部经济环境冲击、高耗能产业增长放缓背景下，产出-能效出现了小幅回升的趋势。这也是中国能源效率波动幅度较大的产业层面原因。

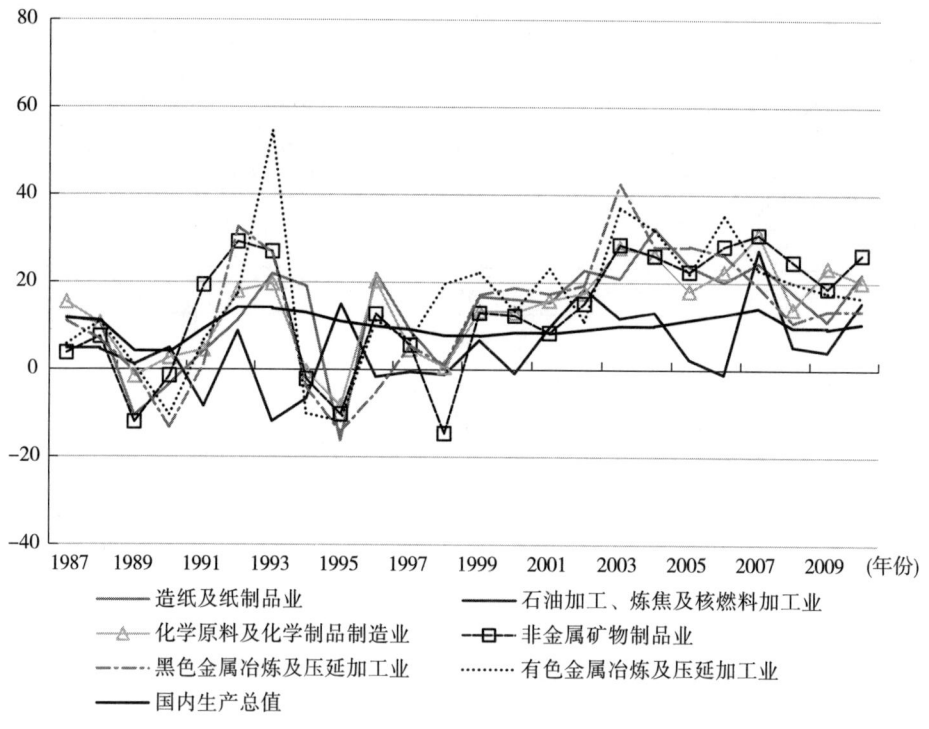

图2-36 六大高耗能产业与国内生产总值的增长率变化

资料来源：根据历年《中国统计年鉴》计算整理绘制。

3. 能源体制机制对能源效率波动的影响

市场经济下，经济系统具有内在调节作用，使经济能够逐渐向稳态回归。当前中国能源体制机制，特别是电力体制改革相对滞后，使市场自我调节经济周期的能力下降，对能源行业本身的发展影响十分突出。具体分析，我们认为当前能源投资体制、能源价格形成机制都在一定程度上放大了能源效率波动幅度。

首先，当前我国能源建设投资主要是在相关部门审批后，由几大国有能源集团为主体负责实施。2000年以来，能源领域投资不断加大，多年能源供给紧张的形势得到了缓解。但在当前投资体制下，投资主体单纯追求速度、盲目投资，出现了所谓的"跑马圈地"、电力投资"潮涌现象"。由于能源行业是总体上的管制行业，而且投资成本还存在扭曲，因此一旦项目管制处于相对放松的时期就会产生投资的巨大冲动，而一旦形成过剩又导致项目管制一下子缩紧，从而形成剧烈波动。再加上政府投资规划通常基于对未来能源消费的预测基础上，而预测的准确性并没有得到认可，往往与合意投资差别较大，一些主要领域投资过度或投资不足，造成短期能源行业的剧烈波动。

以电力行业为例，近年来，经济下行，我国电力设备利用率持续下降，发电设备年利用小时数已经明显偏低。但火电装机不但没有得到调整，反而进一步加快。2015全年新增发电装机14332千瓦，其中火电7164千瓦，而当年火电发电量为42102亿千瓦时，不但没有增加，同比还下降了2.8%。从图2-37的月度统计数据来看，2014年以来，火电发电量绝大部分年份处于负增长。

图2-38显示，2011年以来火电设备平均利用小时数持续下降。2015年火电设备平均利用小时数仅有4329小时，同比下降410小时，降幅比2014年同期继续扩大，是1978年以来的最低水平。与此同时，火电投资速度持续增加，2015年达到9.9亿千瓦，同比增加7.2%。根据中电联统计数据，2016年第一季度新增发电装机2815万千瓦，为历年同期最高，比上年同期多投产1008万千瓦，其中火电装机1746万千瓦，又创近些年同期新高。据不完全统计，目前各地已经核准，在建或待建的火电项目仍然有2亿千瓦以上。从现有火电利用率的实际情况看，即使电力消费增速保持在6%，中国若三年不建新火电项目都不会产生电力供应短缺问题，而实际增长将低得多（周大地，2016）。

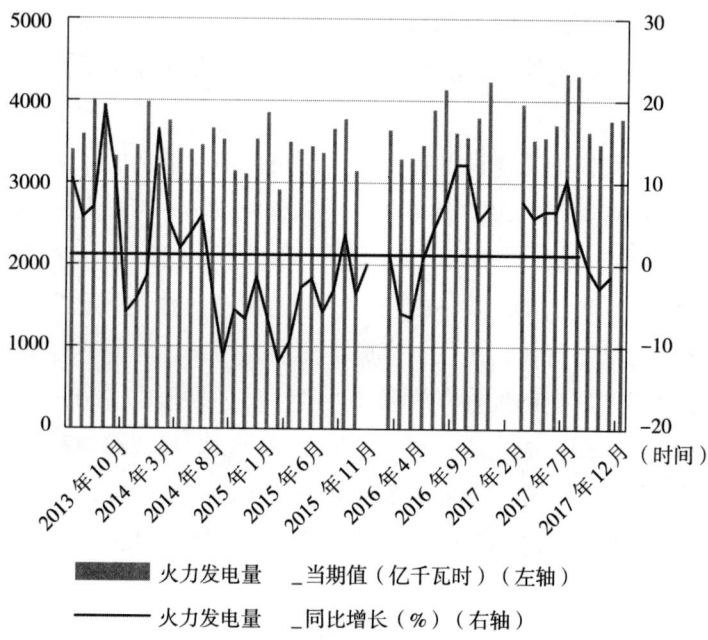

图 2-37　火电发电量及增速

资料来源：国家统计局。

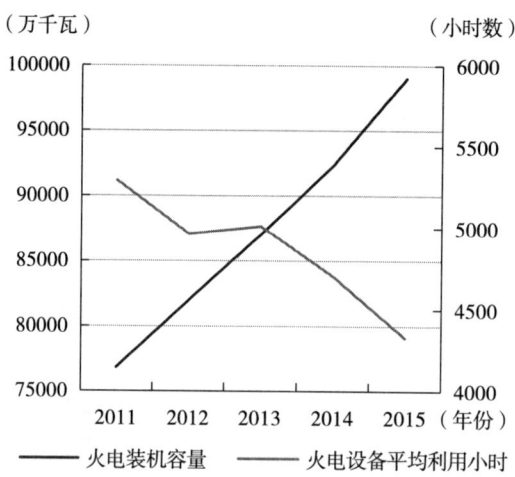

图 2-38　火电装机容量及设备利用小时数

资料来源：Wind 资讯、中电联统计。

其次，目前的能源价格形成机制削弱了周期波动的自我调节能力。能源消费对于价格因素非常敏感，通过能源价格能够有效地调节能源消费。此外，提高能源价格能够大幅持续地提高能源利用效率，并且对产出的影响相对较小（吴利学，2009）。目前，我国能源价格尤其是电力价格没有灵活的调整能力，不能利用供需调节机制缩小波动性，而且繁荣期电力价格相对于其他价格上涨，其实际在下降，而且实际上加剧了短缺性，电煤价格也影响电力企业在需求高峰实际上没有多发电的动力。以2000~2010年宏观经济周期性波动为例，尽管重化工业的过快发展是造成这一时期能源消费剧烈波动的重要原因，但价格因素的作用也不容忽视。长期的计划煤价、电价，降低了重化工产业的投资成本，使能源市场失去了价格自我调整的能力，不仅没有制约重化工业的过快发展，反而还起到了一定的推动作用，导致重化工业产值规模在此期间波动式急剧扩大，成为中国经济增长的主导产业。伴随着重化工业的产业发展倾向及其周期性变动，能源需求也随之发生"瓶颈制约"与"过剩"的周期性变动。

五、总结与政策建议

近年来，中国能源消费、能源效率以及经济增长问题重新被广泛关注。尤其是进入经济新常态以后，出现技术进步和经济增长动力的转换，我国以较低的能源消费增速实现中高速的经济增长。不少学者对以能源消费的增长速度作为判断经济形势的标准提出了质疑。因此，我们在以长期趋势的角度探讨能源效率之外，对中国能源效率的短期分析，尤其是从定量角度说明宏观经济与能源增长短期背离的原因，有利于我们认识中国能源效率短期波动的形成机制，理解中国经济增长和能源消费之间的特殊关系。通过分析，我们得出以下结论：

第一，中国能源消费与产出增长之间的关系非线性。能源消费与产出波动基本同步且方向一致，改革开放后变化比改革开放前更为稳定，波动幅度明显变小，但能源消费波幅略大于产出，尤其当经济繁荣时通常向上偏离更多。

第二，中国能源效率变动包括趋势和波动两个方面，改革开放之前趋势和波动成分都变动剧烈,改革开放后趋势较为稳定,波动成分对短期变化的影响可能更大。改革开放以后,能源效率波动和产出波动幅度明显变小,能源效率的波动幅度也比产出略大,尤其当经济增长过快时,能源效率将大幅下降,当经济下行时,能源效率将上升,但是上升的幅度较小,即能源效率向下偏倚较为明显。

第三,资本-能源效率波动与产出基本是反向的,但产出-能源效率波动与产出之间关系较为复杂,改革开放前后发生了很大变化,改革开放后与产出之间基本是同向的。

第四,从部门层面来看,2002~2005年,农业、工业、制造业、交通运输仓储业、批发零售住宿业产出-能效下降主要是由波动因素引起;2010~2015年,在五大部门产出-能效提高则是由趋势因素导致,在农业、交通运输仓储业、批发零售住宿业,波动因素甚至对产出-能效产生了负面影响。

本章以上结论的政策含义,在制定能源效率的政策目标和手段时需要考虑能源效率本身具有长期趋势和短期波动两个方面。从部门层面分析来看,短期波动因素对能源效率的损失具有较大贡献,保持经济的平稳运行,有利于提高能源效率。具体来说,加快经济结构调整、技术创新和制度改革,从而矫正市场扭曲,降低经济运行的摩擦成本,使得经济波动更加平滑。提高资本产出和要素效率,才能使潜在增长率的下移过程更为平滑。深化能源领域体制改革,理顺能源领域投资体制机制,让企业成为真正的市场主体;继续推进能源价格形成机制改革,通过市场形成的能源价格,对投资行为进行调整,减少投资剧烈波动。政府在推进经济稳定和节能减排等政策的过程中也应当尽量减少对经济的过度直接干预。

[参考文献]

傅晓霞、吴利学(2010):《中国能源效率及其决定机制的变化——基于变系数模型的影响因素分析》,《管理世界》第9期,第45-54页。

韩智勇、魏一鸣、焦建玲等(2004):《中国能源消费与经济增长的协整性与因果关系分析》,《系统工程》第12期,第17-21页。

何永秀、赵四化、李莹等(2006):《中国电力工业与国民经济增长的关系研究》,《产业经济研究》第 1 期,第 47-53 页。

胡兆光、方燕平(2003),《我国经济发展与电力需求趋势分析》,《中国电力》第 8 期,第 6-9 页。

黄山松、谭清美(2010):《制造业能源效率测算与影响因素分析》,《技术经济与管理研究》第 2 期,第 14-18 页。

蒋金荷(2004):《提高能源效率与经济结构调整的策略分析》,《数量经济技术经济研究》第 10 期,第 16-23 页。

李国璋、霍宗杰(2010):《中国能源消费、能源消费结构与经济增长——基于 ARDL 模型的实证研究》,《当代经济科学》第 5 期,第 55-60 页。

李廉水、周勇(2006):《技术进步能提高能源效率吗?——基于中国工业部门的实证检验》,《管理世界》第 6 期,第 82-89 页。

李善同、何建武、许召元(2006):《油价波动与经济增长》,《中国石油和化工经济分析》第 11 期,第 47-54 页。

林伯强(2003):《电力消费与中国经济增长:基于生产函数的研究》,《管理世界》第 4 期,第 18-27 页。

林伯强、魏巍贤、李丕东(2007):《中国长期煤炭需求:影响与政策选择》,《经济研究》第 2 期,第 48-58 页。

林卫斌、苏剑、施发启(2010):《经济增长、能耗强度与电力消费——用电量与 GDP 增长率背离的原因探析》,《经济科学》第 10 期,第 15-22 页。

刘斌(2010):《动态随机一般均衡模型及其应用》,中国金融出版社。

綦建红、陈小亮(2011):《进出口与能源利用效率:基于中国工业部门面板数据的实证研究》,《南方经济》第 1 期,第 14-25 页。

师博、沈坤荣(2008):《市场分割下的中国全要素能源效率:基于超效率 DEA 方法的经验分析》,《世界经济》第 9 期,第 49-59 页。

史丹、张金隆(2003):《产业结构变动对能源消费的影响》,《经济理论与经济管理》第 8 期,第 30-32 页。

史丹、吴利学、傅晓霞等(2008):《中国能源效率地区差异及其成因研究》,《管理世界》第 2 期,第 35-43 页。

孙广生、杨先明、黄祎（2011）：《中国工业行业的能源效率（1987-2005）——变化趋势、节能潜力与影响因素研究》，《中国软科学》第 11 期，第 29-39 页。

王珊珊、屈小娥（2011）：《技术进步、技术效率与制造业全要素能源效率》，《山西财经大学学报》第 33 卷第 2 期，第 54-60 页。

王绍平、杨继生（2006）：《中国工业能源调整的长期战略与短期措施》，《中国社会科学》第 4 期，第 88-96 页。

王崇梅（2010）：《中国经济增长与能源消耗脱钩分析》，《中国人口·资源与环境》第 3 期，第 35-37 页。

魏楚、沈满洪（2007）：《能源效率及其影响因素：基于 DEA 的实证分析》，《管理世界》第 8 期，第 66-76 页。

吴滨、李为人（2007）：《中国能源强度变化因素争论与剖析》，《中国社会科学院研究生院学报》第 2 期，第 121-128 页。

吴利学（2009）：《中国能源效率波动：理论解释、数值模拟及政策含义》，《经济研究》第 5 期，第 130-142 页。

尹显萍、石晓敏（2010）：《工业出口贸易结构变动对我国能源强度的影响》，《中国人口·资源与环境》第 11 期，第 77-83 页。

俞毅（2010）：《GDP 增长与能源消耗的非线性门限——对中国传统产业省际转移的实证分析》，《中国工业经济》第 12 期，第 57-65 页。

袁家海、丁伟、胡兆光（2006）：《电力消费与中国经济增长的协整与波动分析》，《电网技术》第 9 期，第 10-15 页。

查冬兰、周德群（2010）：《基于 CGE 模型的中国能源效率回弹效应研究》，《数量经济技术经济研究》第 12 期，第 39-53 页。

张欣（2010）：《可计算一般均衡模型的基本原理和编程》，上海：格致出版社、上海人民出版社。

赵进文、范继涛：《经济增长与能源消费内在依从关系的实证研究》，《经济研究》第 8 期，第 31-42 页。

赵丽霞、魏巍贤（1998）：《能源与经济增长模型研究》，《预测》第 6 期，第 32-34 页。

赵文霞（2001）：《电力需求的经济预测与周期波动分析》，《电力情报》

第 4 期，第 14-16 页。

周大地（2016）：《十三五及中长期能源发展战略问题》，《开放导报》第 6 期，第 7-12 页。

周鸿、林凌（2005）：《中国工业能耗变动因素分析：1993-2002》，《产业经济研究》第 5 期，第 13-18 页。

Apergis, N. and James E. Payne (2011), "A Dynamic Panel Study of Economic Development and the Electricity Consumption-growth Nexus", *Energy Economics*, 33 (5), pp. 770-781.

Atkeson, A. and P. J. Kehoe (1999), "Models of Energy Use: Putty-Putty versus Putty-Clay", *American Economic Review*, (89), pp. 1028-1043.

Belke, A., Dobnik, F. and Dreger, C. (2011), "Energy Consumption and Economic Growth: New Insights into the Cointegration Relationship", *Energy Economics*, 33 (5), pp. 782-789.

Berndt, E. R. and D. O. Wood (1975), "Technology, Prices, and the Derived Demand for Energy", *Review of Economics and Statistics*, (57), pp. 259-268.

Bouakez, H., E. Cardia and F. J. Ruge-Murcia (2009), "The Transmission of Monetary Policy in A Multisector Economy", *International Economic Review*, 50 (4), pp. 1243-1266.

Cheng, B. S. and T. W. Lai (1997), "An Investigation of Co-integration and Causality between Clectricity Consumption and Economic Activity in Chinese Taiwan", *Energy Economics*, (19), 435-444.

Christiano, L. J., M. S. Eichenbaum and C. L. Evans (2005), "Nominal Rigidities and the Dynamic Effects of a Shock to Monetary Policy", *Journal of Political Economy*, 113 (1), pp. 1-45.

Dupor, B. (1999), "Aggregation and Irrelevance in Multi-sector Models", *Journal of Monetary Economics*, (43), pp. 391-409.

Ertugrul Yıldırım, Deniz Sukruoglu, Alper Aslan (2014), "Energy Consumption and Economic Growth in the Next 11 Countries: The Bootstrapped Autoregressive Metric Causality Approach", *Energy Economics*, 44 (6), pp. 14-21.

Fisher-Vanden, K. , G. H. Jefferson and Liu Hongmei, et al. (2004), "What is Driving China's Decline in Energy Intensity?", *Resource and Energy Economics*, (26), pp. 77–97.

Finn, M. G. (1995), "Variance Properties of Solow's Productivity Residual and Their Cyclical Implications", *Journal of Economic Dynamics and Control*, (19), pp. 1249–1281.

Finn, M. G. (2000), "Perfect Competition and the Effects of Energy Price Increases on Economic Activity", *Journal of Money, Credit, and Banking*, (32), pp. 400–416.

Foerster, A. , P-D Sarte and M. W. Watson (2011), "Sectoral vs. Aggregate Shocks: A Structural Factor Analysis of Industrial Production", *Journal of Political Economy*, 119 (1), pp. 1–38.

Gali, J. (2008), "Monetary Policy, Inflation, and the Business Cycle: An Introduction to the New Keynesian Framework", Princeton University Press (Princeton, NJ).

Galli, Rossana (1998), "The Relationship Between Energy Intensity and Income levels: Forecasting Log-term Energy Demand in Asian Emerging Countries", *Energy Journal*, 19 (4), pp. 85–105.

Glasure, Y. U. and A. R. Lee (1997), "Cointegration, Error-correction, and the Relationship Between GDP and Electricity: The Case of South Korea and Singapore", *Resource and Electricity Economics*, (20), pp. 17–25.

Greenwood, J. , Z. Hercowitz and Huffman G. W. (1988), "Investment, Capacity Utilization, and the Real Business Cycle", *American Economic Review*, 78 (3), pp. 402–417.

Griffin, J. M. and P. R. Gregory (1976), "An Inter-country Translog Model of Energy Substitution Responses", *American Economic Review*, (66), pp. 8458–8457.

Hassan Mohammadi, Shahrokh Parvaresh (2014), "Energy Consumption and Output: Evidence from a Panel of 14 Oil-exporting Countries", *Energy Economics*, 41 (6), pp. 41–46.

Horvath, M. (1998), "Cyclicality andSectoral Linkages: Aggregate Fluctuations from Independent Sectoral Shocks", R*eview of Economic Dynamics*, (1), pp. 781–808.

Hossain, M. S. (2011), "Panel Estimation for CO_2 Emissions, Energy Consumption, Economic Growth, Trade Openness and Urbanization of Newly Industrialized Countries", *Energy Policy*, 39 (11), pp. 6991–6999.

Humphrey, S. W. and J. Stanislaw (1979), "Economic Growth and Energy Consumption in the UK, 1700–1975", *Energy Policy*, (7), pp. 29–42.

Hwang, D. B. K. and B. Gum (1992), "The Causal Relationship Between Energy and GNP: The Case of Taiwan", *The Journal of Energy and Development*, (12), pp. 219–226.

Jänickem, M., T. Ranneberg and Simonisue (1989), "Structural Change and Environmental Impact Empirical Evidence on Thirty-one Countries in East and West", *Environmental Monitoring and Assessment*, (12), pp. 99–114.

Judson, R. A., R. Schmalensee and T. M. Stoker (1999), "Economic Development and the Structure of the Demand for Commercial Energy", *The Energy Journal*, 20 (2), pp. 29–57.

Jumbe, C, B. L. (2004), "Cointegration and Causality Between Electricity Consumption and GDP: Empirical Evidence from Malawi", *Energy Economics*, (26), pp. 61–68.

Khandker, S. R., D. F. Barnes and H. A. Samad (2012), "Are the Energy Poor Also Income Poor? Evidence from India", *Energy Policy*, (47), pp. 1–12.

Kim, I. M. and P. Loungani (1992), "The Role of Energy in Real Business Cycle Models", *Journal of Monetary Economics*, (29), pp. 173–190.

Kraft, J. and A. Kraft (1978), "On the Relationship Between Energy and GNP", *Journal of Energy Development*, (3), pp. 401–403.

Kydland, F. E. and E. C. Prescott (1982), "Time to Build and Aggregate Fluctuations", *Econometrica*, (50), pp. 1345–1370.

Long J. R, J. and C. I. Plosser (1983), "Real Business Cycles", *Journal of Political Economy*, (91), pp. 39–69.

Long J. R, J. and C. I. Plosser (1987), "Sectoral vs. Aggregate Shocks in the Business Cycle", *American Economic Review*, (77), pp. 333–336.

Medlock K. B. and R. Soligo (2001), "Economic Development and End-Use Energy Demand", *The Energy Journal*, 22 (2), pp. 77–105.

Mork, K. A. (1994), "Business Cycles and the Oil Market", *Energy Journal*, (15), pp. 15–38.

Phillip Lebel (1998), "Economic Considerations in the Framework of Sustainable Development Initiatives in Africa", Cente for Economic Research on Africa Working Paper.

Pindyck, R. S. and Rotemberg, J. J. (1983), "Dynamic Factor Demands and the Effects of Energy Price Shocks", *American Economic Review*, (73), pp. 106–179.

Rosenberg, N. (1980), "Historical Relations Between Energy and Economic Growth", in Joy Dunkerley (ed.), International Energy Strategies, Proceedings of the 1979 IAEE/RFF Conference, Chapter 7, Cambridge, MA: Oelgeschlager, Gunn & Hain, Publishers, Inc., pp. 55–70.

Rotemberg, J. J. and Woodford, M. (1996), "Imperfect Competition and the Effects of Energy Price Increases on Economic Activity", *Journal of Money, Credit, and Banking*, (28), pp. 549–577.

Shiu, A. and P. L. Lam (2004), "Electricity Consumption and Economic Growth in China", *Energy Policy*, (32), pp. 47–54.

Smets, F. and R. Wouters (2007), "Shocks and Frictions in US Business Cycles: A Bayesian DSGE Approach", *American Economic Review*, 97 (3), pp. 586–606.

Wei, C. (2003), "Energy, the Stock Market, and the Putty-Clay Investment Model", *American Economic Review*, (93), pp. 311–323.

第三章
中国能源强度变化的轨迹及原因[*]

【摘　要】 以往的大部分研究将能源强度变化的因素分解为产业结构和技术进步,很少关注不同品种能源间的替代效应,亦鲜有研究在指数分解的框架下考虑空间效应。2000~2005年是中国能源效率的转折期,能源强度结束了持续20多年的下降趋势,由此经历先上升(2000~2005年)、再下降(2005~2013年)的变化过程。本章依据2000~2013年中国30个省份的面板数据,运用LMDI方法对比分析了2000~2005年和2005~2013年两个时期能源结构、技术进步、产业结构和经济规模对中国能源效率变动的影响,相比全国层面的传统分解方式可以为理解我国能源强度的变化提供更为准确、丰富的信息。

改革开放以来,中国能源利用效率显著提升,能源强度持续下降了长达20多年。然而,2000~2013年中国能源强度却出现了倒"U"形发展:2000~2005年能源强度发生反弹;2005年以后,即"十一五"时期以来,中国能源强度再次持续下降。不少学者在研究中提到了2000~2005年能源强度的异常现象,例如,屈小娥和袁晓玲(2009)、宋枫和王丽丽(2012)。屈小娥和袁晓玲(2009)指出2001~2005年中国能源消费需求大幅度增加,能源消费增长速度超过了GDP增长速度,经济发展表现出高能耗的特点,并认为是工业化进程的加快导致了该时期能源强度的上升。中国能源强度在

---

[*] 本章以《中国能源强度变化的轨迹及原因——基于省级面板数据的分析》为题发表于《城市问题》2016年第8期。有改动。

2000年以前下降幅度较大，在2000~2005年能源强度不降反升，又重新回到了1999年的水平，能源强度反弹在2005年以后得到了遏制（宋枫和王丽丽，2012）。但这些研究却很少对2000~2005年能源强度反常表现的原因进行求证，更缺乏分阶段的对比研究，本章则对2000~2005年以及2005~2013年两个时期中国能源强度的变动原因进行了深入的探讨和对比。

分析能源效率或能源强度影响因素的方法主要包括两类：一类是因素分解方法，另一类是计量经济学方法。因素分解方法具有使用便利以及适用范围广等优点，在研究中得到了广泛的应用。因素分解的方法有十几种，应用最为普遍的主要为拉氏（Laspeyres）指数和迪氏（Divisia）指数及其衍生指数。国外研究中指数分解分析在能源及其相关问题研究方面涌现了大量成果，早在1995年Ang的一篇综述论文中列举的研究成果便达到了51项，2000年的再次评述所包含的研究成果又上升到了124项。例如，Fisher-Vanden等（2004）利用迪氏指数和中国近2500家工业企业的数据，分析了1996~1999年中国绝对能源使用水平及能源强度下降的原因，提出能源价格及研发费用增加、企业的所有制改革和工业结构的变动是中国能源使用减少的主要动力。Ma（2014）指出，空间效应在因素分解中长期被忽略，其运用对数平均迪氏指数（Logarithmic Mean Divisia Index，LMDI）和29个省份的面板数据，分析了能源结构、产业结构、技术进步、经济增长、人口增长以及人员流动六大因素对1995~2010年中国能源消费量变动的影响。

国内学者广泛采用因素分解的思路分析中国能源效率变动的原因（如韩智勇等，2004；高振宇和王益，2007；李力和王凤，2008）。韩智勇等（2004）将能源强度变化分解为结构份额和效率份额，发现1980~2000年结构效应累计为-1.76%，而效率效应累计则高达101.7%，即我国能源强度下降基本全部由各产业内能源效率的提高推动。高振宇和王益（2007）基于对数平均迪氏指数方法（LMDI）将我国1980~2005年的能源强度分解为产出效应、效率效应和结构效应，结果发现效率效应是影响能源效率的主要因素，六部门结构变动对能源效率有正向影响。李力和王凤（2008）采用五种常用的因素分解法，研究了中国制造业能源强度的变化原因，认为能源利用效率提高是我国制造业能源强度总体上保持下降趋势的主要原因。这些大多从产业结构和技术进步的角度进行分析，忽略了能源结构变化和空间效应的影响。本章拟采用类似 Ma（2014）对中国能源消费分解的扩展 LMDI 方法，在能源、产业和地区层次对中国能源强度的变化进行因素分解。

一、数据收集与分析

本章旨在对中国能源强度变化的影响因素进行分解，因此主要依据能源消费量和增加值两类数据。由于西藏数据缺失严重，本章选取的样本范围是 2000~2013 年中国大陆除西藏之外的 30 个省份 14 年的样本资料。在衡量产业、地区及全国能耗的情况时，由于能源消费包括煤、石油、天然气、电力和各种非常规能源，因此采用《中国能源统计年鉴》（2001~2014 年）地区平衡表中的实物量数据，以及年鉴中的转换系数，将所有形式的能源转换成标准煤。本章中能源消费量采用的是热当量计算方法，未包含加工转化损失，因此加总的区域能源消费量低于《中国能源统计年鉴》中给出的标准量，但不影响能源消费多寡的序数关系。相应地在产出上，采用《中国统计年鉴》中的地区分行业增加值指数和增加值数据，计算出各省份分行业的不变价（2005 年）增加值。部分缺失的数据通过查阅各地区统计年鉴以及插值法等方式予以补齐。

对数据的初步分析表明，中国区域能源利用效率参差不齐，各省份能源强度差异显著。从各省份 2000~2013 年的历年平均单位产值能耗看，能源利用效率最高（即能源强度最低）的 10 大省份平均单位产值能耗仅为 0.61 吨标准煤/万元，不到能源利用效率最低的 10 大省份平均能源强度的一半。东部沿海经济发展水平较高的省份如北京、上海、广东、江苏、浙江、福建等能源利用效率最为领先，而宁夏、贵州、青海、甘肃、新疆、云南等西部省份的能源利用效率则最为落后。中国的区域能源强度总体上呈现出东、中、西部梯次递增的特点。2013 年最新数据显示，能源利用效率最高的广东省能源强度仅为 0.34 吨标准煤/万元，而能源利用效率最低的宁夏回族自治区能源强度则高达 1.96 吨标准煤/万元，是广东省的近 6 倍；能源效率最高的 10 大省份平均能耗强度仅为 0.45 吨标准煤/万元，而能源效率最低的 10 大省份平均能耗强度却高达 1.22 吨标准煤/万元，约为领先省份的 3 倍，能源利用效率不平衡的状况依然较为严峻。

各省份在技术水平、产业结构、用能结构以及经济规模方面均存在较大的不同，其中技术水平和经济规模上的差异最大。变异系数是一种衡量离散程度的常用指标，具有不受测量尺度和量纲影响的优势，能够较好地衡量省份间的差异度。变异系数值越大表明区域差异程度越大。从图3-1中可以看出，各省份指标的离散度较大，且各省份在样本期中的变化亦存在较大差异。2000~2013年，能源强度的变异系数从2000年的0.5增加到了2013年的0.59，第三产业增加值占增加值总额比重的变异系数由0.18上升至0.21，煤炭消费占能源消费总量比重的变异系数略有上升，而经济规模的变异系数则在小幅上升后回落至初始水平。这说明，各省份在技术水平（反映在能源强度上）、产业结构、用能结构和经济规模方面的变化并不同步，而是呈现出差异化发展，省份间的差距没有缩小之势。下文将通过构建因素分解模型，量化分析包含空间效应的相关因素变化对中国能源强度的影响。

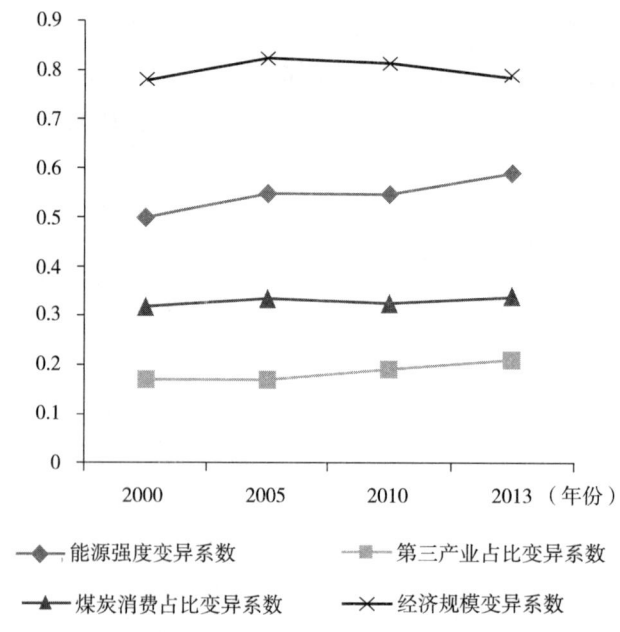

图3-1　2000~2013年中国能源强度影响因素的变异系数

二、模型构建

LMDI 方法的分解结果不包含无法解释的残差，部分效应的总和与总效应保持一致（即不同部分的效应总和与各个部分作用于总体水平上获得的总效应相一致），在多层次因素分析中具有显著的优势（李国璋和王双，2008）。参考 Ma（2014）的分解框架，本章将中国能源强度进行如下分解：

$$I = \frac{E}{G} = \sum_i \sum_j \sum_k \frac{E_{ijk}}{E_{ij}} \times \frac{E_{ij}}{V_{ij}} \times \frac{V_{ij}}{G_i} \times \frac{G_i}{G} \qquad (3-1)$$

式中，E 代表能源，V 代表分行业增加值，G 代表地区或全国的 GDP；i、j 和 k 分别表示地区、行业和能源品种。

于是，能源强度的变化 ΔI 可以依据 LMDI 指数分解为能源结构、技术进步、产业结构和经济规模四个因素，即有：

$$\Delta I = \Delta I_{fuel} + \Delta I_{tec} + \Delta I_{str} + \Delta I_{scale} \qquad (3-2)$$

$$\Delta I_{fuel} = \sum_i \sum_j \sum_k L_{ijk} \times \ln\left(\frac{E_{ijk}^t}{E_{ij}^t} \bigg/ \frac{E_{ijk}^{t-1}}{E_{ij}^{t-1}}\right) \qquad (3-3)$$

$$\Delta I_{tec} = \sum_i \sum_j \sum_k L_{ijk} \times \ln\left(\frac{E_{ij}^t}{V_{ij}^t} \bigg/ \frac{E_{ij}^{t-1}}{V_{ij}^{t-1}}\right) \qquad (3-4)$$

$$\Delta I_{str} = \sum_i \sum_j \sum_k L_{ijk} \times \ln\left(\frac{V_{ij}^t}{G_i^t} \bigg/ \frac{V_{ij}^{t-1}}{G_i^{t-1}}\right) \qquad (3-5)$$

$$\Delta I_{scale} = \sum_i \sum_j \sum_k L_{ijk} \times \ln\left(\frac{G_i^t}{G^t} \bigg/ \frac{G_i^{t-1}}{G^{t-1}}\right) \qquad (3-6)$$

式中，权重 $L_{ijk} = (I_t - I_{t-1})/\ln\left(\frac{I_t}{I_{t-1}}\right)$，$\Delta I_{fuel}$、$\Delta I_{tec}$、$\Delta I_{str}$、$\Delta I_{scale}$ 则分别对应于能源结构变动、技术进步变动、产业结构变动和经济规模变动。为保证上式可解，要求分母和对数函数中不能存在 0 值，因此需要对能源平衡表中的 0 值数据进行处理。本章参考 Ma（2014）的方法以赋予一个极小值的方式进行了处理。

三、能源强度变动的分解分析

从表3-1中可以看出，上述四种因素对中国能源强度的累积影响按照从大到小排序，依次为技术进步、产业结构、能源结构、经济规模。无论在中国整体能源强度上升还是在下降的时期，技术进步都是促进能源强度下降的最主要因素。2005~2013年，技术进步拉动能源强度大幅下降了33.05克标准煤/元，对能源强度变化的贡献率超过了100%。对中国能源强度变动贡献较大的另一个因素是产业结构，由于我国尚未完成工业化，不少省份还在向高耗能的工业化阶段迈进，当前产业结构调整不仅没有发挥节能降耗的作用，反而拉高了我国能源强度，这与李国璋和王双（2008）、宋枫和王丽丽（2012）等的研究结果一致。"十五"计划期间（即2000~2005年）中国能源强度上升的原因在于这一时期技术进步放缓，高耗能产业快速扩张，致使产业结构变化的消极作用超过了技术进步的影响，造成能源强度反弹。中国能源强度变动主要是受技术进步和产业结构两大因素驱动，能源结构和经济规模的影响较弱，后两种因素的贡献不及前两种因素的1/10，且后两种因素的作用方向在样本期发生了反转。

表3-1　能源效率变化的因素分解总效应

单位：克标准煤/元

时间	技术进步	产业结构	能源结构	经济规模
2000~2005年	-4.317	5.7345	0.0941	-0.4659
2005~2013年	-33.0539	5.9525	-0.097	0.5176

1. 技术进步

技术进步是促进中国能源强度下降的主导力量。从2000~2013年各省份技术进步①的贡献情况看，除新疆和海南之外其余28个省份的技术变动对降

---

① 省份的技术进步是由各省份六大产业部门的技术进步加总得来，因此包含了一定的产业结构影响，其综合变化可能为正值或负值（即技术倒退），不同于单个行业、产品技术进步的概念。

低全国能源强度都产生了积极的贡献。绝大多数省份在 2000~2005 年和 2005~2013 年两段时期都通过技术进步促进了中国能源强度下降，且在后一阶段的作用力度更大。在 2000~2005 年中国能源强度的上升时期，有 10 个省份（湖南、河北、山东、云南、福建、河南、浙江、陕西、新疆、贵州）的技术变动对全国能源强度产生了小幅抬高作用。而在 2005~2013 年中国能源强度下降的时期，仅有 3 个省份（青海、新疆、海南）的技术变动对全国能源强度产生了微幅抬高作用。

2000~2005 年和 2005~2013 年两段时期技术进步对降低能源效率的正面贡献作用最大和最小（或负面作用最大）的 10 大省份及其贡献如表 3-2 所示。从中可以看出，前后两个时期降低全国能源强度的引领省份并不固定，唯有辽宁和湖北在两个时期均发挥了引领作用。"十五"时期综合技术变动倒退致使全国能源强度反弹较大的湖南、河北、山东、河南在 2005 年以后成功扭转了局面，通过技术进步成为"十一五"和"十二五"期间降低中国能源强度的先锋力量。此外，部分省份的技术进步长期滞后甚至发生了小幅倒退，特别是本身能源效率落后的省份如新疆、宁夏、青海、陕西等，应当加强对节能降耗的重视。

表 3-2　技术进步效应排名前十位和后十位的省份

单位：克标准煤/元

前 10 大省份及贡献值		后 10 大省份及贡献值	
2000~2005 年	2005~2013 年	2000~2005 年	2005~2013 年
北京　-0.0741	上海　-0.0695	山东　0.6346	四川　0.5729
云南　0.0186	北京　-0.0628	河南　0.475	河北　0.4535
海南　0.0254	浙江　-0.027	河北　0.4065	安徽　0.4281
浙江　0.0447	黑龙江　0.0352	江苏　0.3846	河南　0.4208
青海　0.0564	海南　0.0364	广东　0.3414	辽宁　0.4075
新疆　0.0654	陕西　0.0487	四川　0.3356	内蒙古　0.3937
黑龙江　0.0752	天津　0.0498	安徽　0.2601	湖南　0.3477
天津　0.0761	青海　0.0658	内蒙古　0.2363	广西　0.333
上海　0.1062	甘肃　0.0892	湖北　0.2213	山东　0.3265

续表

前10大省份及贡献值		后10大省份及贡献值	
2000~2005年	2005~2013年	2000~2005年	2005~2013年
贵州 0.1093	新疆 0.0937	江西 0.2164	湖北 0.2664

注：各省份技术进步对全国的贡献是由各省份技术变动量乘以影响系数所得，因此，不仅取决于技术进步的绝对量大小，也取决于该省份经济规模占全国的比重。

2. 产业结构

产业结构调整总体上尚未发挥降低能耗强度的作用。2000~2005年和2005~2013年两个时期中，产业结构对中国能源强度的负面影响大致相当。2000~2013年各省份产业结构变化对中国能源强度的贡献较为稳定，产业结构变化对中国能源强度的正面贡献较大（或负面影响较小）的省份主要为东部沿海经济发达的省份和西北工业化发展缓慢的省份，而产业结构变化对中国能源强度的负面贡献较大的省份主要包括华中及东西部部分工业化快速推进的省份。将各省份按照产业结构变动对降低中国能源强度的影响排序，前十名和后十名省份及其贡献如表3-3所示。

表3-3 产业结构效应排名前十位和后十位的省份

单位：克标准煤/元

前十大省份及贡献值				后十大省份及贡献值			
2000~2005年		2005~2013年		2000~2005年		2005~2013年	
北京	-0.0741	上海	-0.0695	山东	0.6346	四川	0.5729
云南	0.0186	北京	-0.0628	河南	0.4750	河北	0.4535
海南	0.0254	浙江	-0.0270	河北	0.4065	安徽	0.4281
浙江	0.0447	黑龙江	0.0352	江苏	0.3846	河南	0.4208
青海	0.0564	海南	0.0364	广东	0.3414	辽宁	0.4075
新疆	0.0654	陕西	0.0487	四川	0.3356	内蒙古	0.3937
黑龙江	0.0752	天津	0.0498	安徽	0.2601	湖南	0.3477
天津	0.0761	青海	0.0658	内蒙古	0.2363	广西	0.3330
上海	0.1062	甘肃	0.0892	湖北	0.2213	山东	0.3265
贵州	0.1093	新疆	0.0937	江西	0.2164	湖北	0.2664

除北京、上海和浙江之外绝大多数省份的产业结构调整或多或少反而抬高了中国能源强度。这是由我国的工业化发展阶段所决定的，各省份的工业化水平和发展情况悬殊巨大。2000 年以来北京的产业结构调整不断向低能耗方向发展，2005 年以后上海和浙江的产业结构调整亦进入了降低能耗强度的轨道。在三次产业中，第二产业的能耗强度远高于第一产业和第三产业，因此第二产业的比重尤其是工业化程度直接影响着地区的能源强度（屈小娥和袁晓玲，2009）。作为国内经济最发达地区的北京和上海已经处于工业化的高级阶段，形成了第三产业占主导地位的产业结构，而浙江省的第三产业比重虽略低于第二产业，占比亦较高。随着产业结构的优化升级，北京、上海和浙江的高耗能第二产业占比降低，从而促成了能耗强度的下降。与此同时，山东、河南、湖北、四川、安徽、内蒙古、湖北等省份在经济发达地区的高耗能产业转移及其自身工业化推进的影响下，产业结构调整方向对中国的能源强度形成了一定的负面影响。

3. 能源结构和经济规模

较之技术进步和产业结构，能源结构和经济规模因素对中国能源强度发挥的影响尚不突出，特别是能源结构的作用还很弱。总体上看，能源结构和经济规模两种因素的作用方向还存在较强的不确定性，在 2000~2013 年曾发生逆转；能源结构的影响由 2000~2005 年的微幅消极影响转变为 2005 年以后的微幅积极影响，而经济规模的影响却由前一阶段的小幅正面影响转变为后一阶段的小幅负面影响。

从地区经济规模效应看，2000~2005 年大约有 2/3 的省份因经济规模变动而促进了中国能源强度下降，但在 2005 年以后经济规模效应积极的省份则减少到了 1/3 左右。各省份在前后两段时期中对降低中国能源强度的贡献度和影响方向表现出较大的不确定性。其中，60% 的省份经济规模效应在样本期出现了反复，少数省份即河北、黑龙江、上海、河南、海南、甘肃和新疆的经济规模变化与能源强度变化相适应，持续发挥了降低中国能源强度的作用，而天津、内蒙古、江苏、山东、青海则长期产生消极的规模效应。

从地区能源结构变化的影响看，2005 年以来，除湖北、山西、重庆、陕西、青海、安徽、湖南、海南八省市以外（按照消极作用由大到小排列），其余省份的能源结构调整对于中国能源强度下降都起到了促进作用；较

2000~2005年的情况大为改善，产生消极影响的省份数目下降了一半。说明我国"十一五"时期以来优化能源结构的政策方针起到了良好的效果。能源结构调整正面贡献最大的十大省份依次为山东、江苏、云南、黑龙江、新疆、广东、北京、吉林、浙江和上海。

四、结论与政策建议

技术水平和产业结构是中国能源强度变动的决定性影响因素，其中技术进步是中国能源强度下降的主要动力，产业结构调整对综合能源利用效率有一定的消极影响。"十五"期间中国能源强度反弹是由于高耗能产业快速扩张，产业结构的负面影响超过了技术进步的作用所致。能源结构和经济规模的影响目前还较弱，且作用方向存在反复。绝大多数省份通过技术进步对降低中国能源强度做出了积极的贡献，特别是"十一五"时期以来的贡献作用巨大，少部分省份能源利用效率落后且技术进步迟缓，需重点关注，如新疆、宁夏、青海等。除北京、上海等少数已处于工业化高级阶段的地区，在产业结构演进规律的作用下，绝大多数省份的产业结构调整反而抬高了中国能源强度。近年来大多数省份的能源结构优化对节能降耗产生了积极影响，但经济规模的作用则相反，说明生产的资源配置有待改善。

中国能源强度的改进空间还很大，而区域能源利用效率发展不平衡的现象不容忽视。为了降低中国能耗强度，一方面需要继续大力推进技术进步，缩小落后省份与发达省份的技术差距之外；另一方面还应当充分实现产业结构、能源结构和经济规模的节能降耗作用。可以通过政策引导，加快各地区的产业结构调整速度，不断优化能源结构，促进资源的合理配置，降低效率落后地区的资源浪费。我们总结了以下几点政策建议：

第一，学习先进地区的发展经验，加强地区之间的交流合作。应当在全国范围内提高对能源利用技术的重视程度，特别是能源技术水平落后地区。鼓励有条件的省份投入更多的物力到节能降耗研发中，推动技术进步。及时推广先进技术的应用，使得先进的生产技术、经验能够及时向落后省份传输，从而不断缩小省际和区域间的生产技术水平与能源利用效率差异，提高中国整体能源利用效率，降低中国能源强度。

第二,提高经济发展质量,促进产业结构升级。"十五"计划期间曾出现高耗能产业发展过快,引起该时期能源强度反弹,还导致了产能过剩、资源浪费、环境污染等问题。充分说明了片面追求 GDP 的低效率粗放式增长是不可持续的。尤其是中西部工业化阶段相对落后的省份,应避免只顾增长速度,忽视增长质量。由于各省份的产业发展阶段差异较大,需根据具体情况出台相应的政策引导产业结构升级转型,控制高耗能产业的发展速度,加快如钢铁等高污染、高耗能行业落后产能的淘汰。

第三,积极改善能源消费结构。长期以来,我国能源消费过度依赖化石能源,特别是煤炭。能源结构不合理,不利于能源利用效率的提升和资源环境保护。资源环境约束、能源安全风险的倒逼,以及全球新能源、新技术的迅猛发展,都要求加速推进中国能源消费结构调整。

第四,减少浪费,优化资源配置。许多研究认为中国能源价格偏低,未能如实反映资源的稀缺性以及外部性成本,造成了节能减排的动力不足,阻碍了能源的最优配置。随着高耗能工业向中西部转移,中国能源消费的重心也随之转移,一些省份能耗量大但能源利用效率低下,能源浪费现象较为严重。近年来,经济规模呈现负面影响的现象亟待改善,需要通过能源价格市场化改革等举措,完善并发挥市场机制的资源配置作用。

[参考文献]

屈小娥、袁晓玲(2009):《中国地区能源强度差异及影响因素分析》,《经济学家》第 9 期,第 68-74 页。

宋枫、王丽丽(2012):《中国能源强度变动趋势及省际差异分析》,《资源科学》第 1 期,第 13-19 页。

韩智勇、魏一鸣、范英(2004):《中国能源强度与经济结构变化特征研究》,《数理统计与管理》第 1 期,第 1-6、第 52 页。

高振宇、王益(2007):《我国生产用能源消费变动的分解分析》,《统计研究》第 3 期,第 52-57 页。

李力、王凤(2008):《中国制造业能源强度因素分解研究》,《数量经济技术经济研究》第 10 期,第 66-74 页。

李国璋、王双（2008）：《中国能源强度变动的区域因素分解分析——基于 LMDI 分解方法》，《财经研究》第 8 期，第 52-62 页。

赵芳：《中国能源政策：演进、评析与选择》，《现代经济探讨》第 12 期，第 29-32 页。

Ang, B. W. (1995), "Multilevel Decomposition of Industrial Energy Consumption", *Energy Economics*, 17 (1), pp. 39-51.

Ang, B. W., Zhang F. Q., (2000) "A Survey of Index Decomposition Analysis in Energy and Environmental Studies", *Energy*, 25 (12), pp. 1149-1176.

Fisher-Vanden, K., Jefferson, G. H., Liu, H., et al. (2004), "What is Driving China's Decline in Energy Intensity?", *Resource and Energy Economics*, 26 (1), pp. 77-97.

Ma, C. (2014), "A Multi-fuel, Multi-sector and Multi-region Approach to Index Decomposition: An Application to China's Energy Consumption 1995-2010", *Energy Economics*, (42), pp. 9-16.

第四章

中国工业能源效率及其收敛性[*]

【摘　要】 本章利用随机前沿分析法（SFA）和三种收敛检验，对1997~2012年各省、各区域和全国的工业全要素能源效率及其收敛性进行分析，并与单要素能源效率的测算结果进行了对比。其结果表明，我国各省份的工业全要素能源效率存在向自身稳态收敛的趋势，而没有出现向共同稳态收敛的趋势。三大区域之间在工业能源效率上的差距没有随时间缩小的迹象，各地的能源效率发展不平衡现象不容乐观。在我国东、中、西三大区域中，只有西部区域内部的差距显著缩小，但却是低水平趋同，能源效率亟待提高。

一、引言

20世纪80年代中后期以来，关于经济增长收敛性的实证研究得到迅猛发展，主要聚焦于人均收入的跨国分析，或者是选择劳动生产率以及全要素生产率进行研究，但是对于能源效率的收敛研究相对较少。能源效率最终是否会随着经济增长而改善，能源效率是否会同劳动生产率一样有收敛性，不同地区间的能源效率差异最终是否会趋同，尚值得探讨。判断能源效率的收敛性对于我国节能减排意义重大，如果能源效率落后地区不能自发提高能效水平并追赶能源效率的前沿地区，则意味着需要借助强有力的政策干预才能

---

[*] 本章以《中国工业能源效率及其收敛性——SFA全要素与单要素方法的比较分析》为题发表于《干旱区资源与环境》2016年第30卷第12期。有改动。

实现我国向节约型社会转型。工业始终是我国最主要的能源消费部门，工业能源消费总量一直占到总能源消费量的70%左右，可见，工业用能效率的高低对于我国总体能源效率水平与节能减排具有决定性的作用。因此，本章着眼于对地区工业能源效率及其收敛性的考察，借以探寻我国能源效率的自然发展规律以及能源效率政策的必要性。

已经有国内外学者对能源效率的收敛性进行了有意义的分析探索。例如，Miketa 和 Mulder（2005）对56个国家的10个制造部门在1971~1995年的能源生产率趋势进行了分析，发现其中有九个部门的能源生产率的跨国差异趋于下降，尤其是在能源强度较低的部门，不同国家收敛到不同的稳态，而国家间则不存在收敛。国内学者史丹（2007）通过定义能源消费的洛伦兹曲线来考察各省份能源效率对目标值的偏离，并采用变异系数等指标分析了省际以及东、中、西部地区之间能源效率的趋同性，研究认为，1990~2002年，能源效率存在绝对趋同，2000~2004年则不具有趋同性。国内对能源效率收敛性的研究并不多，主要是从全国和区域层面上展开的，对地区部门和行业层面的收敛性研究较少，且大都仅着眼于能源效率大小的比较及影响因素，并没有对部门、行业本身的能源效率的变动趋势展开研究（齐绍洲和李锴，2010）。

目前，仅有少量研究关注了我国各地区在部门和行业层面的收敛性，比较具有代表性的有齐绍洲和李锴（2010）、张宗益等（2013）。齐绍洲和李锴（2010）利用我国1997~2006年的相关面板数据，分别对省份及其六个产业部门的能源强度随劳均GDP变化的收敛性进行了分析。其研究显示，随着东西部省份之间劳均GDP差异的缩小，东西部省份之间总体的能源强度差异是收敛的，但收敛的速度慢于劳均GDP的收敛速度；东西部省份之间在农林牧渔业、建筑业和工业上的能源强度差距是收敛的，而在其余部门上的能源强度差距是发散的。张宗益等（2013）采用类似齐绍洲和李锴（2010）的方法，检验了中国第二产业1995~2009年的收敛性，发现内陆经济增长最快的省份的第二产业能源效率与沿海的差距却在逐渐拉大。然而，上述研究都以能源强度即单要素指标中的一种来表示能源效率，虽然在计算上较为方便，但是学术界对于单要素指标的合理性向来存在争议。与全要素能源效率相比，单要素能效指标有明显不足（杨红亮和史丹，2008），比如计算效率时隐含假定能源是唯一投入要素而忽略了其他生产要素的贡献和替代效应，从而高估了能源效率，无法反映不同省市的资源禀赋差异、无法反映能源利用的基础技术效率等。鉴于采用不同的模型和指标得出的研究结果可能大相径庭，本章利用随机前沿分析法和我国1997~2012年省级工业面板数据，对工业部门的全要素能源效率及其收敛性进行分析，并与单要素能源效率的测算结果进行对比。

二、随机前沿模型的设计及样本说明

1. 模型说明

全要素效率的概念是在给定要素投入的条件下实现最大产出，或者在给定产出水平下投入最小化的能力。其思路为，通过测度样本点相对于生产前沿的远近程度来进行相对效率比较，这一概念更符合经济学"Pareto效率"的内涵。全要素能源效率的计算方法主要有数据包络分析（DEA）法和随机前沿分析两种。以往的研究表明，在面板对数据的处理上，SFA方法更为有效（姜雁斌和朱桂平，2007），因此本章选用SFA方法对工业全要素能源效率进行计算。

为了运用SFA方法，首先需要对计算公式进行推导。假设有$i=1,2,\cdots,n$个地区组成的样本，第i个地区的投入-产出向量组合为(K_i, L_i, E_i, Y_i)，K代表资本投入，L代表劳动投入，E代表能源消耗，Y表示产出。参考Zhou等（2012）的做法，可以将能源距离函数$D_E(K_i, L_i, E_i, Y_i)$设定为如下形式：

$$\ln D_E(K_i, L_i, E_i, Y_i) = \beta_0 + \beta_K \ln K_i + \beta_L \ln L_i + \beta_E \ln E_i + \beta_Y \ln Y_i + v_i \quad (4-1)$$

式中，v_i是由遗漏变量、函数误设等原因造成的对称随机误差项，具有零期望和同方差σ_v^2，包含于地区i的前沿面之中，表示生产前沿面要受到随机因素的影响。根据Coelli等的理论，能源距离函数在能源投入E中是线性齐次的，因此有：

$$\ln D_E(K_i, L_i, E_i, Y_i) = \ln E_i + \ln D_E(K_i, L_i, 1, Y_i) \quad (4-2)$$

将式（4-1）代入式（4-2）中推出：

$$\beta_E = 1 \quad (4\text{-}3)$$

将式（4-3）代入式（4-1）中，有式（4-4）成立：

$$\ln\left(\frac{1}{E_i}\right) = \beta_0 + \beta_K \ln K_i + \beta_L \ln L_i + \beta_Y \ln Y_i + v_i - u_i \quad (4\text{-}4)$$

$u_i \equiv \ln D_E(K_i, L_i, E_i, Y_i)$ 是一个与地区 i 的能源利用无效率有关的非负随机误差项，具有大于零的期望和同方差。u_i 和 v_i 的分布相互独立，并且都和式（4-4）中的解释变量不相关。

依据实际情况对式（4-4）进行改进，加入技术变化的时间趋势变量 T，可推导出如下的面板数据计算公式：

$$\ln\left(\frac{1}{E_{it}}\right) = \beta_0 + \beta_K \ln K_{it} + \beta_L \ln L_{it} + \beta_Y \ln Y_{it} + \beta_t T + v_{it} - u_{it} \quad (4\text{-}5)$$

其中，下标中的 i 和 t 分别表示第 i 个省份（i=1, 2, …, 30）和第 t 年（t=1, 2, …, 16）；E 代表各省份的能源消耗；K 代表资本投入；L 代表劳动投入；Y 表示产出；T 表示技术变化的时间趋势。v 表示随机误差，并且服从对称的正态分布 $N(0, \sigma_v^2)$，是能源利用无效率有关的非负随机误差项。u 服从 $N(\mu, \sigma_u^2)$ 的截断正态分布，并且独立于 v。参照姜雁斌和朱桂平（2007），可以将地区能源消耗非效率项 μ_{it} 的形式设定为：

$$\mu_{it} = \delta_0 + \delta_E \text{East} + \delta_M \text{Middle} + \delta_t T \quad (4\text{-}6)$$

其中，i、t 和 T 的含义同上；East 和 Middle 分别表示东部和中部虚拟变量，取值为 0 或 1；δ_0 为待定常数项；δ_E 和 δ_M 分别表示东部和中部相对于西部的能源消耗效率值，并且在理论上 δ_E 和 δ_M 应为负数，因为在东部和中部同样的能源消耗能比西部带来更多的产出，即能源效率更高，并且 δ_E 绝对值应大于 δ_M（即东部的能源效率高于中部）；δ_t 表示效率变化的时间趋势，如果符号为正则代表效率是下降的。

2. 数据与变量说明

本章以 1997~2012 年为研究区间，由于西藏数据缺失较严重，故不在研究对象范围内，特此以我国 30 个省份为研究对象。东部、中部及西部地区的划分依据为 1996 年我国地区划分及 2000 年的修正结果。数据主要来源于历年的《中国统计年鉴》、《中国劳动统计年鉴》、各省市统计年鉴、《中国能源统计年鉴》和《中国工业经济统计年鉴》。部分省份在某些年份由于数据缺失，采用插值法进行补齐。

（1）产出：以实际工业增加值表示，各省份1997~2012年工业增加值来源于《中国统计年鉴》，并取1997年为基期根据工业品出厂价格指数生成各年份实际工业增加值。

（2）能源消耗：工业能源消耗以历年各省份的工业能源消费总量表示，将煤炭、石油、电力、天然气等主要能源消费量统一折算成标准煤（单位：万吨标准煤）。除了宁夏2000~2002年以及海南2002年的能源消费总量数据缺失，我们通过地方统计年鉴以及数据平滑方法予以补齐，其余数据均来源于《中国能源统计年鉴》。

（3）资本投入：统计年鉴中没有直接公布分省分行业的固定资本形成额，固定资本存量采用永续盘存法进行计算，并用固定资产投资价格指数进行平减。具体计算方法参照陈勇和李小平（2006），数据来源于《中国统计年鉴》和《中国工业经济统计年鉴》。

（4）劳动投入：以各省工业的年初和年末从业人员年平均数（万人）来表示当年的劳动力投入。数据来源于《中国统计年鉴》和《中国劳动统计年鉴》。

三、能源效率测算结果比较分析

基于上述SFA模型与面板数据，运用Frontier 4.1软件对我国工业的全要素能源效率进行估计的结果如表4-1所示。其中，γ值为0.768，并且在1%显著性水平下拒绝"零假设"，这表明前沿函数的误差中76%以上的成分来源于非随机误差的影响，模型设定相当可靠。从估计结果来看，除了产出和技术变化的时间趋势两项的系数是在10%的显著性水平下拒绝"零假设"，其余各项系数都在1%的显著性水平下拒绝值为0的假设，数据拟合较好。主函数中时间趋势项的系数为正值，表明技术在不断进步；但同时技术无效函数中的时间趋势为0.044，却表明随着时间的推移，能源使用的无效性在上升。这与某些学者的研究结果吻合，如顾乃华（2008）发现1992~2002年中国工业技术水平以年均1.2%的速度下降。误差函数中，东部和中部虚拟变量的系数分别为-0.446和-0.140，表明东部地区的工业能源消耗无效性分别比西部低了将近44.6%，而中部也比西部低了14%，这和前文的假设以及以往的研究结论一致。1997~2012年工业平均全要素能源效率最高的省份集中分布在东部地区，中部地区的能源效率次之，西部地区的能源效率最低。

表4-1 模型参数的最大似然估计结果

变量	系数	t值
常数项	-0.753***	-3.446
lnK	-0.531***	-11.572
lnL	-0.303***	-7.151
lnY	-0.085*	-1.599
T	0.019*	1.470
常数项	0.477***	4.750
东部	-0.446***	-8.026
中部	-0.140***	-3.072
时间趋势	0.044***	3.625
σ^2	0.093***	11.879
γ	0.768***	5.783
模型诊断		
Log函数值	-82.488	
LR统计值	81.855	

注：随机前沿生产函数估计计算采用Frontier 4.1；*** 表示在1%水平上显著，** 表示在5%水平上显著，* 表示在10%水平上显著。

表4-2中列出了我国各省份部分年份的工业全要素能源效率值及排名。可以看出，我国不同地域的工业全要素能源效率差异明显，呈现出东、中、西部梯次递减的特征。1997~2012年，全国平均全要素能源效率约为0.55，东部的全要素能源效率均值为0.68，比中部高出16个百分点，比西部高出

22个百分点。在全国能源效率最高的10个省市中,东部地区占到了9个,中部1个(江西);而在全国能源效率最低的10个省份中,东部地区仅占到了1个,中部占2个,西部占7个。从工业全要素能源效率的时间趋势上看,全国及三大地区的能源效率在1997~1999年呈上升趋势;2000~2006年则出现了较大幅度的下滑;2007年以后,中部在安徽、河南、湖南的拉动下能源效率有所回升,而东部地区和西部地区的能源效率维持在低谷水平。值得一提的是,在全国工业能源效率普遍下滑的背景下,北京的工业全要素能源效率表现出明确的持续上升之势。

表4-2 各省份工业部门主要年份的能源效率

省份	1997年	2002年	2007年	2010年	2012年	历年平均	排名	地区
北京	0.77	0.75	0.78	0.84	0.86	0.79	1	东部
天津	0.84	0.73	0.61	0.57	0.55	0.69	6	东部
河北	0.61	0.52	0.35	0.36	0.35	0.45	24	东部
山西	0.49	0.36	0.34	0.35	0.33	0.39	28	中部
内蒙古	0.49	0.39	0.31	0.31	0.31	0.37	29	西部
辽宁	0.73	0.67	0.51	0.43	0.38	0.58	12	东部
吉林	0.60	0.62	0.41	0.40	0.37	0.51	18	中部
黑龙江	0.65	0.67	0.48	0.47	0.44	0.57	13	中部
上海	0.83	0.79	0.67	0.61	0.63	0.73	4	东部
江苏	0.77	0.80	0.60	0.61	0.58	0.69	7	东部
浙江	0.84	0.80	0.73	0.75	0.70	0.78	2	东部
安徽	0.52	0.48	0.46	0.51	0.49	0.49	20	中部
福建	0.88	0.84	0.62	0.56	0.56	0.72	5	东部
江西	0.70	0.73	0.57	0.52	0.49	0.63	9	中部
山东	0.79	0.72	0.50	0.48	0.47	0.60	10	东部
河南	0.68	0.63	0.40	0.43	0.47	0.53	16	中部
湖北	0.56	0.52	0.44	0.43	0.37	0.48	21	中部
湖南	0.64	0.62	0.41	0.43	0.43	0.53	15	中部
广东	0.84	0.81	0.67	0.67	0.68	0.74	3	东部

续表

省份	1997年	2002年	2007年	2010年	2012年	历年平均	排名	地区
广西	0.53	0.53	0.42	0.44	0.41	0.47	23	西部
海南	0.94	0.66	0.57	0.53	0.42	0.66	8	东部
重庆	0.44	0.39	0.46	0.40	0.35	0.41	25	西部
四川	0.58	0.62	0.48	0.42	0.41	0.54	14	西部
贵州	0.51	0.44	0.33	0.37	0.30	0.39	27	西部
云南	0.59	0.55	0.36	0.35	0.33	0.47	22	西部
陕西	0.67	0.64	0.53	0.46	0.41	0.60	11	西部
甘肃	0.60	0.61	0.41	0.41	0.36	0.50	19	西部
青海	0.72	0.62	0.44	0.40	0.32	0.52	17	西部
宁夏	0.58	0.31	0.31	0.29	0.25	0.36	30	西部
新疆	0.53	0.51	0.31	0.30	0.24	0.40	26	西部

将全要素能源效率与依据同一批数据测算出的单要素能源效率（为了便于比较，采用能源生产率指标表示）进行比较，可以看出两者存在较大差距，如表4-3所示。分别对各省份的单要素能源效率和全要素能源效率历年均值进行从高到低排序，可以发现在能源效率最高的10大省份中相同的有九个，在能源效率最低的10大省份中重合的有六个，并且省份的排名顺序差异明显。例如，北京的全要素效率水平排名第一，而单要素效率仅排名第八；海南的全要素效率水平处于全国前10，单要素能源效率水平却落入了后10名。总体上，以单要素方法和全要素方法计算出的各省份能源效率历年平均值的相关度较强，Pearson 相关系数为0.8458，Spearman 序相关系数为0.8563，在1%的水平上显著。但是，以单要素方法和全要素方法计算出的各省份全样本能源效率相关性不足50%；Pearson 相关系数为0.4786，Spearman 序相关系数为0.4919，在1%的水平上显著。因此，以单要素指标衡量能源效率并以此为基础进行收敛性分析，恐怕难以全面反映我国真实能源效率水平及其变化趋势。以下能源效率的收敛性分析结合全要素和单要素指标的结果进行了对比，以期为我国工业能源效率的变化趋势提供更为准确的判断。

表4-3 工业部门历年能源效率均值高和最低的10个省份及排名

	十大高效率省份			十大低效率省份	
排名	单要素	全要素	排名	单要素	全要素
1	广东	北京	21	海南	湖北
2	浙江	浙江	22	吉林	云南
3	福建	广东	23	河北	广西
4	上海	上海	24	内蒙古	河北
5	江苏	福建	25	甘肃	重庆
6	天津	天津	26	青海	新疆
7	山东	江苏	27	山西	贵州
8	北京	海南	28	新疆	山西
9	河南	江西	29	贵州	内蒙古
10	江西	山东	30	宁夏	宁夏

单要素能源效率与全要素能源效率的相关性检验		
	Pearson	Spearman
历年均值相关性	0.8458	0.8563（0.0000）
全样本相关性	0.4786	0.4919（0.0000）

四、收敛性分析

有关收敛性分析的方法通常有三种：σ收敛、绝对β收敛与条件β收敛。其中，σ收敛和绝对β收敛都属于绝对收敛概念。收敛性分析度量能源效率差距随时间变化的趋势，存在σ收敛将意味着不同省份间的能源效率会随时间的推移而不断缩小；β收敛包括绝对β收敛和条件β收敛，绝对β收敛是说全体个体的能源效率都将收敛于同一稳态水平，而条件β收敛则是不同个体的能源效率会收敛于各自的稳态水平。下面将分别基于单要素方法和全要素方法计算出的能源效率值检验我国能源效率的收敛性。对于σ收敛，我们借助变异系数进行测度，而β收敛可以采用Miller和Upadhyay（2002）提供的简便收敛回归模型进行考察。

1. σ 收敛性分析

图 4-1 显示了用变异系数衡量我国整体与东部、中部、西部三大地区工业部门的全要素能源效率与单要素能源效率的 σ 收敛情况。从全国来看，无论是单要素效率的变异系数还是全要素能源效率变异系数，均呈现不断上涨的态势，表明全国范围内工业部门间的能源效率差距逐步扩大，不具备 σ 收敛性。三大地区的收敛性则呈现出明显的阶段性特点。三大区域之间在工业能源效率上的差距没有随时间缩小的趋势，2005 年以后三大区域在工业能源效率上的差距攀升到一个更高的水平后维持稳定。1997~2002 年，东部、中部、西部三大区域无论是以单要素衡量的能源效率还是以全要素衡量的能源效率均体现出发散的特点，变异系数不断上升，不存在 σ 收敛；但是单要素与全要素能源效率表现出的区域内部差异特征有所不同，从单要素能源效率的差异来看，中部地区的变异系数曲线最低即差异最小，而从全要素能源效率的差异来看，属东部区域的内部差异最小。2003~2009 年，中部地区的单要素以及全要素能源效率变异系数都呈现下降趋势，即 σ 收敛；但这期间东部区域和西部区域的两种能源效率则表现出不同的趋势，东部地区的全要素能源效率差距明显扩大，不存在 σ 收敛，单要素效率却表现为短暂下降后保持平稳；西部区域的全要素能源效率存在 σ 收敛，但单要素指标却表现出发

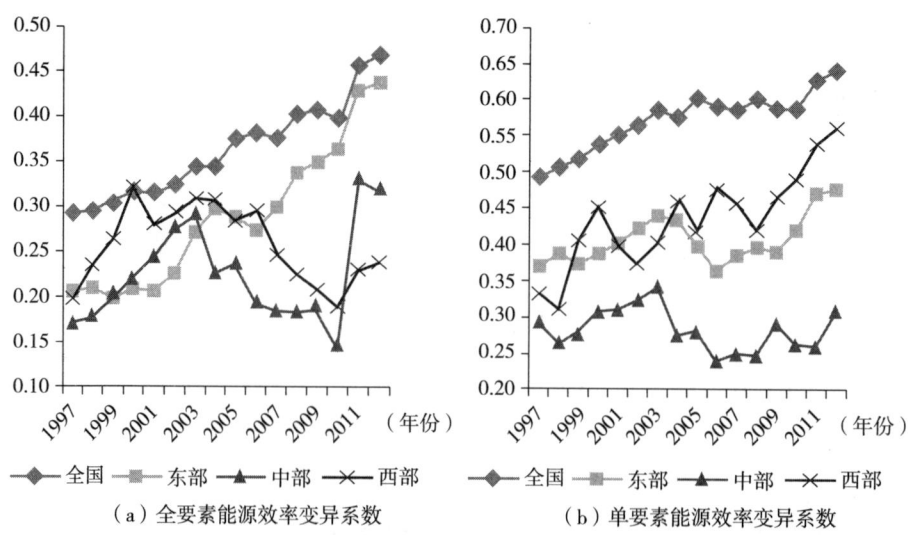

(a) 全要素能源效率变异系数　　(b) 单要素能源效率变异系数

图 4-1　地区工业部门的全要素与单要素能源效率变异系数

散。2010年以后两种指标皆显示出三大区域内部的差距又开始拉大。

2. 绝对β收敛

除了对全国和传统三大区域进行测算外，下文还将30个省份按照1997~2012年劳均GDP收入的高低分为了两组（各15个省份），即收入较高的"经济东部"[①] 地区和收入较低的"经济西部"地区，以便比较经济发展水平对能源效率趋势的影响。绝对β收敛的检验方法很简单，只需要利用能源效率的增长率对常数项和初始能效水平进行截面回归。如果初始水平的回归系数显著为负，就表明存在绝对β收敛。为消除由于经济周期或者其他周期性因素的影响，估计面板数据时一般把整个样本时间段细分为几个较短的时间段，时间段的划分没有固定标准，并用每个时间段的平均值作为变量值。本章在研究中将样本划分为八个时间段，每个时间段为2年，变量e_{it}是能源效率相应时间段里的平均值，数据来源于本章第三部分的能源效率测算值。因此，绝对收敛的检验等式为：

$$(\ln e_8 - \ln e_1)/14 = \alpha + \beta \ln e_1 + \varepsilon \qquad (4-7)$$

式中，t=8和t=1分别对应2011~2012年和1997~1998年的平均值，两个时间段中间点相隔14年。

从全国范围来看，工业的全要素能源效率系数为负值，但不显著，说明工业部门的能源效率并未向同一水平收敛，能源效率的落后地区在提高能效水平上并未体现出后发优势，但也未呈现出能源效率差距拉大的现象（见表4-4）。三大区域的回归系数皆为负数，但只有西部地区通过了5%的显著性水平，表明西部区域内部的差距逐渐缩小，向同一较低的稳态水平发展，应当警惕能源效率的中等收入陷阱；东部和中部地区的系数都不显著，表明这两大地区内部并不趋向于同一稳态发展，这也在一定程度上说明了为什么对于全国范围内各地未能向同一稳态收敛，与赵金楼等（2013）的研究结果一致。从按照经济水平划分的区域范围来看，经济东部和经济西部的系数为负但均不显著，表明经济水平的趋同并不意味着能效水平的趋同，经济发展并不一定自发带动能源效率的提高，因此节能减排有赖于国家的政策调控。

[①] "经济东部"包含的省份依次为上海、天津、内蒙古、北京、吉林、广东、辽宁、江苏、福建、新疆、山东、海南、湖北、浙江、云南。

表4-4 基于全要素和单要素能源效率值的全国和各地区绝对β收敛估计

	全要素能源效率绝对β检验			单要素能源效率绝对β检验		
	全国	经济东部	经济西部	全国	经济东部	经济西部
系数	−0.0130	−0.0005	−0.0388	0.0050	0.0002	0.0034
p值	0.403	0.986	0.214	0.744	0.994	0.891
R-square	0.0251	0.0000	0.1162	0.0039	0.0000	0.0015
是否收敛	否	否	否	否	否	否
	东部	中部	西部	东部	中部	西部
系数	−0.0122	−0.0064	−0.0594**	−0.0089	−0.0433	0.0135
p值	0.781	0.870	0.046	0.806	0.244	0.775
R-square	0.0091	0.0048	0.3731	0.0071	0.2178	0.0096
是否收敛	否	否	是	否	否	否

注：计算采用STATA 12.0；*** 表示在1%水平上显著，** 表示在5%水平上显著，* 表示在10%水平上显著。

对比全要素能源效率和单要素能源效率（见表4-4）检验结果可以看出明显的差异。用全要素能源效率值回归的R^2值要普遍高于单要素效率的结果，说明全要素效率值的相关性更强、结果更可靠。两组数据的回归系数也大相径庭，全国和各大地区工业部门的全要素能源效率回归系数均为负值，尽管只有西部地区在5%的水平下通过了显著性检验，而单要素能源效率的回归系数只有东部和中部为负值且均未通过显著性检验。这表明在使用单要素能源效率指标作为评价标准时应当谨慎。

3. 条件β收敛

上述检验表明，除西部外，全国及东部和中部区域内工业部门的能源效率的差距没有显著逐步缩小并向同一稳态收敛，而对于各地是否向自身的稳态收敛则需进一步进行条件收敛检验。以往的研究表明采用固定效应比采用随机效应更加合适，面板数据的固定效应对应着不同经济体各自不同的稳态条件，因此加入额外的控制变量是多余的（姜雁斌和朱桂平，2007）。可以采用Miller和Upadhyay（2002）的方法，用如式（4-8）所示进行估计：

$$d(\ln e_t) = \ln e_t - \ln e_{t-1} = \alpha + \beta \ln e_{t-1} + \varepsilon \qquad (4-8)$$

式（4-8）中解释变量和被解释变量的意义与式（4-7）相同，t＝1，2，…，8分别对应八个时间段的平均值。

从工业全要素能源效率的条件β检验结果可以发现（见表4-5），所选择的六个地区条件收敛的最终回归系数都显著为负，说明我国整体、地域意义上的东中西部以及经济意义上的东西部地区均存在条件收敛的特征。对工业单要素效率的回归结果与全要素能源效率类似，只是显著性稍弱。结合上文的检验可知，在近年来能源效率下降的背景下仅西部地区既存在绝对收敛又存在条件收敛，但西部趋同并不意味着能源效率的改善，而是向低水平趋同。除西部区域内的省份，其他省份并未向同一稳态收敛，而是由于各个省份之间人力资本、投资、地域等条件的差异分别趋向于自身的稳态，近年来地区能源效率发展参差不齐，差距不仅没有缩小，反而不断拉大。说明我国各地的能源效率发展不平衡，能源效率普遍亟待改进。如果政府不采取强有力的措施主动提高能源效率，地区发展差距在很长的时间内恐怕仍将持续甚至扩大。

表4-5 基于全要素和单要素能源效率值的全国和各地区条件β收敛估计

	全要素能源效率绝对β检验			单要素能源效率绝对β检验		
	全国	经济东部	经济西部	全国	经济东部	经济西部
系数	-0.1695***	-0.1188**	-0.2220***	-0.1390***	-0.1395**	-0.1382**
p值	0.000	0.039	0.000	0.001	0.012	0.048
R-square	0.0889	0.0471	0.1417	0.0561	0.0695	0.0431
F-stat	17.47	4.40	14.70	10.64	6.65	4.01
	东部	中部	西部	东部	中部	西部
系数	-0.1440**	-0.2385**	-0.1527**	-0.1459**	-0.1495	-0.1255
p值	0.031	0.012	0.017	0.013	0.156	0.103
R-square	0.0697	0.1269	0.0844	0.0915	0.0424	0.2914
F-stat	4.87	6.83	5.99	6.55	2.08	2.73

注：计算采用STATA 12.0；***表示在1%水平上显著，**表示在5%水平上显著，*表示在10%水平上显著。

五、结论

本章利用 SFA 模型方法分析了 1997~2012 年我国 30 个省份及其区域的工业全要素能源效率指数,对各个地区工业部门的能源效率的收敛性进行了考察,并与单要素能源效率的分析结果进行了对比。研究结果表明,我国工业能源效率的区域性差异巨大,呈东中西递减之势,东部地区的平均能源效率要远高于中西部地区,与前人的研究结论一致。用单要素方法和全要素方法测量的能源效率尽管从各地能源均值的排序上看相关性较强,但总体上差异较大。因此,仅通过单要素指标观察我国的能源效率趋势和节能减排效果,倾向于高估能源效率的提高,给出过于乐观的判断。

进一步考察能源效率的收敛性发现,全国各地工业的单要素和全要素能源效率在样本期都呈现出发散的特点,表明各省份的能源效率差距没有随时间不断缩小。2005 年以后三大区域之间在工业能源效率上的差距拉大,三大区域内部的 σ 收敛性具有阶段性特征:1997~2002 年三大区域内部的能源效率水平发展差距逐步拉大;2002~2009 年以全要素指标衡量的中部和西部地区能源效率差距持续缩小而东部地区的差距扩大,与单要素指标的分析结果有明显不同;2010 年以后以两种指标皆显示出三大区域内部的差距又开始拉大。β 检验结果表明,各省份的能源效率并未向同一水平收敛而是倾向于向各自的稳态收敛;东部、中部、西部三大区域中,只有西部地区的工业全要素能源效率表现出显著的收敛于区域稳态,而单要素能效分析则未能发现这一趋势;按照经济发展水平进行的区域分析表明,经济水平的高低并不直接决定稳态水平的界限。总之,我国各地的工业能源效率发展不平衡现象不容乐观,西部区域差距缩小,但却是低水平趋同,能源效率亟待提高。实践证明提高能源效率需要政府进行积极的引导,北京市能源效率的快速提升与政府政策的大力支持密不可分。

上述结论蕴含的政策启示主要包括以下几点:第一,在全国范围内提高对于能源效率的重视程度,特别是能源效率落后地区的效率意识。近年来,中西部地区大量承接了东部工业的转移,但是其能源利用效率却与东部的能源效率水平差距逐渐拉大,这些地区的政府应尽力避免片面追求 GDP 的增长率而忽视能源效率的改进。第二，制定工业部门的能源效率目标，出台相应的能源效率政策和产业政策引导工业领域的产业升级与效率提升，加快如钢铁等高污染、高耗能行业落后产能的淘汰，扭转近年来能源效率整体下滑的势头。第三，促进地区之间的交流合作，加强发达省份与落后省份之间的资金、技术、人才流动，打破地区之间阻碍生产要素与生产技术自由流动的壁垒，使先进的生产技术能够及时向落后省份转移和扩散，从而提高全国工业的整体能源效率水平，不断缩小省际和区域间的工业生产技术水平与全要素能源效率差异。

[参考文献]

顾乃华（2008）：《生产性服务业发展趋势及其内在机制——基于典型国家数据的实证分析》，《财经论丛》第 2 期，第 15-21 页。

姜雁斌、朱桂平（2007）：《能源使用的技术无效性及其收敛性分析》，《数量经济技术经济研究》第 10 期，第 108-119 页。

李双杰、范超（2009）：《随机前沿分析与数据包络分析方法的评析与比较》，《统计与决策》第 7 期，第 25-28 页。

齐绍洲、李锴（2010）：《区域部门经济增长与能源强度差异收敛分析》，《经济研究》第 2 期，第 109-122 页。

史丹（2007）：《中国能源效率的地区差异与节能潜力分析》，《工业经济》第 1 期，第 57-65 页。

杨红亮、史丹（2008）：《能效研究方法和中国各地区能源效率的比较》，《经济理论与经济管理》第 3 期，第 12-20 页。

张宗益、吴小明、康继军（2013）：《中国第二产业能源效率的收敛机制分析》，《科研管理》第 7 期，第 119-126 页。

赵金楼、李根、苏屹等（2013）：《我国能源效率地区差异及收敛性分析——基于随机前沿分析和面板单位根的实证研究》，《中国管理科学》第 2 期，第 175-184 页。

Miketa, A., Mulder, P. (2005), "Energy Productivity Across Developed and Developing Countries in 10 Manufacturing Sectors: Patterns of Growth and Convergence", *Energy Economics*, 27 (3), pp. 429-453.

Zhou, P., Ang, B. W., Zhou, D. Q. (2012), "Measuring Economy-wide Energy Efficiency Performance: A Parametric Frontier Approach", *Applied Energy*, 90 (1), pp. 196-200.

第五章

中国天然气补贴改革的"能源–经济–环境"影响*

【摘　要】 本章首先利用价差法估计了中国2010年天然气的补贴规模，然后构建了关于中国经济的CGE模型，刻画了天然气产业非完全竞争的市场结构，定量分析了中国天然气补贴改革对二氧化碳排放、宏观经济、居民福利以及垄断利润的影响。结果表明：①削减天然气补贴在宏观经济–环境层面对实际GDP的影响较小，对出口、居民福利等虽然会产生一定负面影响，但有利于降低二氧化碳排放水平并且能够显著降低单位GDP天然气的消耗，提高天然气的利用效率；②削减天然气补贴将会引起产业结构调整、能源消费结构调整以及天然气产业的生产成本增加，从而降低天然气产业的垄断利润率，抑制负面的收入分配效应；③削减天然气补贴会提高天然气的最终消费价格，降低国产天然气的产出价格，进而降低了天然气的对外依存度。

一、引言

长期以来，我国以煤炭为主的能源消费结构带来了严重的环境污染、生态破坏、矿难频发等一系列问题。在所有的化石能源中，天然气是一种最为

---

* 本章以《中国天然气补贴改革的能源–经济–环境影响》为题发表于《经济问题》2016年第10期。有改动。

清洁的能源。纵观发达国家的能源变革历程，以天然气替代煤炭和石油是解决资源环境问题的一条重要途径。国家统计局数据显示，截至2014年，我国天然气消费占一次能源消费的比重不足6%，比国际平均水平低了18个百分点，人均用气量仅为国际水平的29%，特别是工业用气量远低于发达国家水平。可见，我国在天然气资源的利用上存在很大的提升空间。提高天然气在我国能源消费中的比重，有利于优化我国的能源消费结构，加强能源安全，改善环境质量和居民健康状况，是我国能源发展战略的重要内容。国家《能源发展战略行动计划（2014—2020年）》以及《国家应对气候变化规划（2014—2020年）》中都明确提出了要扩大天然气资源的利用规模，使天然气占一次能源消费比重在2020年达到10%以上的发展目标。

我国政府为了鼓励天然气消费侧市场的发展，对天然气的消费实施补贴，使天然气价格长期低位运行。补贴虽然有利于促进天然气市场规模的扩大，但是，以补贴的方式激励天然气消费也存在许多不容忽视的问题。首先，受到补贴后的天然气价格低于其真实价格会导致特别是民用天然气资源的过度消费，不利于资源与环境保护。其次，由于天然气产业高度垄断，政府对天然气进行补贴时，降低了天然气的价格，导致市场对天然气的需求量较大，垄断企业会因此获得更多的垄断利润，产生负面的收入分配效应。再次，由于补贴机制的不健全，可能会进一步加剧社会收入分配的不公平，产生"穷人"补贴"富人"的现象。最后，由于天然气的补贴来源于政府财政支出，加剧了政府的财政负担。因此，改革天然气补贴对于确保天然气资源的合理利用、保护环境、减少政府支出、保证社会收入分配公平具有重大的现实意义。

各国实践经验表明，补贴政策的效率低下，对化石能源补贴过度、补贴方式不当是发展中国家普遍存在的问题。从长远来看，以补贴的方式扩大天然气消费具有较高的社会成本，是不可持续的。一些研究表明，能源补贴改革可以减轻财政负担、降低利率并激励私人投资，提升长期的竞争力和经济增长（Fofana et al., 2009）。随着资源环境矛盾的恶化，作为构建低碳经济、实现经济和环境可持续发展手段之一的能源补贴改革目前已经被越来越多的国家列入政府议程。在2009年的G20金融首脑峰会上，各国代表均承诺会逐步退出化石能源补贴。德国、墨西哥、印度尼西亚等国家已经实施了化石能源补贴削减。补贴政策工具应当谨慎使用，在我国目前供给侧高度垄断的市场状况下，不宜过度补贴。中国作为化石能源补贴大国，能源补贴改革已经成为国际和国内形势对中国的必然要求。对于天然气而言，削减天然气补贴必然会引起天然气消费价格的上涨，对天然气市场产生较大影响，并通过价量关系传导至经济、环境、社会的各个方面。本章立足于我国天然气市场的现实情况，在对天然气产业的垄断程度作出合理假设的条件下，通过构建多部门CGE模型，定量研究了削减天然气补贴对我国宏观经济、二氧化碳排放、居民福利以及天然气产业垄断利润等方面的影响，旨在为政府制定能源补贴改革政策提供可靠的决策依据。

二、文献综述

国内外学者对能源补贴改革问题的关注较早，进行了较多的探索。对于能源补贴改革的经济影响，学者们提出取消或削减化石能源补贴会对实际收入、进出口结构、市场化水平、政府财政收入、能源利用效率、能源消费需求的总量和结构等方面造成较大的影响，但对于影响的大小存在较大争论，甚至在对实际收入等方面的影响是积极的还是消极的也尚未达成共识（Burniaux et al.，1992；Motlagh and Farsiabi，2007）。Burniaux 等（1992）运用多区域CGE模拟研究发现，如果取消1990~2050年经合组织以及非经合组织国家所有化石能源消费侧的补贴，将使世界每年的实际收入减少0.7%，经合组织国家减少0.1%，非经合组织国家减少0.16%。Motlagh 和 Farsiabi（2007）通过成本-收益分析则认为，不管削减哪种形式的能源补贴，对经济都会产生有益的影响，由于更正了市场扭曲，能够促进经济的长期增长并增加政府的财政收入。此外，研究者们认为，取消或削减能源补贴的分配效应明显，对居民生活成本的冲击较大，涉及贫困救济、能源消费公平等问题。早期的研究较多采用运用局部均衡法对取消能源补贴的分配影响进行了研究，结果表明，取消能源补贴将会提高能源价格水平，对工业产品价格以及居民生活产生负面影响（Brannon，1974；Anderson and Mckibbin，1997；Saboohi，2001）。由于不同国家的情况差异较大，也有一些学者专门研究了某个国家削减能源补贴对居民的影响，例如，Dube（2003）研究了津巴布韦取消能源补贴对居民的影响。Kebede（2006）则研究了埃塞俄比亚削减能源补贴对居民的影响。大部分研究结果均表明取消能源补贴对家庭影响较大，尤其是对贫困家庭。学者关注的另外一个研究热点在于取消能源补贴对于二氧化碳排放的影响。例如，Saunders 和 Schneider（2000）利用 GTEM 模型对取消能源补贴进行了研究，发现取消能源补贴导致世界总能源消费降低，二氧化碳排放也随之减少。IEA（2010）的研究表明，2011~2020 年逐渐取消了对化石能源的补贴，全球一次能源与二氧化碳将分别减少 5.8%、6.9%。

中国关于能源补贴的研究近年来也在逐渐发展，不少学者采用局部均衡分析、投入产出分析等方法着重研究了能源补贴在某一方面的影响。例如，林伯强等（2009）采用价差法估算了中国居民用电交叉补贴的规模，通过分析比较不同收入群体的补贴规模，指出目前中国的电力补贴机制缺乏效率和公平，高收入人群获得的补贴较多而低收入人群获得的补贴较少。李虹（2010）、李虹等（2011）采用投入产出模型，分别研究了取消化石能源补贴对不同地区、不同收入阶层城镇居民生活产生的差异性及间接影响，以及取消燃气和电力补贴对不同收入阶层居民生活的影响，结果表明，取消燃气和电力补贴对低收入阶层居民，尤其是农村低收入居民的冲击更大。周勤等（2011）通过对出口产品能源补贴载量进行计算，分析了中国能源补贴政策对中国出口产品竞争力的影响，研究表明，我国出口结构中多以高能耗产品为主，能源要素价值低估鼓励了出口贸易，全部能源补贴中约有 10%通过出口产品净补贴给国外消费者。何凌云等（2013）将国内外能源价差与其他碳影响因素纳入直接、调节及状态空间模型中，分阶段检验了补贴对中国碳排放影响的非对称效应，认为在 1978~1993 年的小价差阶段负向价格扭曲对碳排放总量有小幅减少的作用，而在 1994~2011 年的大价差阶段负向价格扭曲的碳拉动效用明显。然而，局部均衡分析的方法只关注某一方面的影响，会忽略取消能源补贴后对相关经济变量的间接影响，无法全方位、多角度地考察政策冲击的经济影响。对于投入产出模型而言，其所强调的是产业的投入产出联系或关联效应，尽管能够刻画经济体系错综复杂的经济联系，但是考虑到其固定要素投入系数的严格假设，不能够灵活反映价格变化后，要素之间的相互替代关系。而可计算一般均衡（CGE）模型则在整体经济范围内把经济主体和产业部门联系起来，能够灵活地反映要素之间的替代关系，从而优于投入产出模型。

可计算一般均衡模型能够同时反映多个市场、各个主体的相互作用，可全面定量分析来自经济某一部分的扰动对经济其他部分和宏观经济的影响，在研究削减能源补贴的影响上相对于局部均衡、投入产出模型等方法具有显著的优势。因此，近年来采用 CGE 模型研究削减能源补贴的影响成为大势所趋。例如，姚昕等（2011）基于我国 2007 年的数据和 CGE 模型对中国取消化石能源补贴的影响进行了研究，其结果表明取消化石能源补贴能显著减少一次能源消费和二氧化碳排放，但对宏观经济的冲击较大，而如果在取消化石能源补贴的同时，将补贴投入清洁能源部门，对宏观经济将有正面影响。刘伟和李虹（2014）也以 2007 年的投入产出表为基础，构建了包含环境治理账户在内的社会核算矩阵，利用 CGE 模型对中国取消煤炭消费侧补贴进行了研究，认为如果取消煤炭补贴可以降低单位 GDP 碳排放 1.78%。又如王韬和叶文奇（2014）利用我国 2007 年数据和 CGE 模型研究了取消电力和天然气补贴对中国经济以及产业结构的影响。其研究结果表明，取消电力和天然气补贴对真实 GDP、进出口、就业等宏观经济变量均产生了一定的负面影响，但同时却降低了整个经济的单位 GDP 电力和天然气消耗，提高了资源利用效率，使产业结构合理化和高级化程度增强。然而，现有关于天然气补贴改革的研究均是建立在以完全竞争假设为前提的 CGE 模型上，并未刻画我国天然气产业高度垄断这一现实特征，因而其研究结果的可靠性大打折扣，不仅不能对中国天然气产业垄断利润进行相关分析，而且可能会错误地估计对天然气产业的产出价格的影响。此外，上述 CGE 模型的基础数据较为陈旧，都是基于 2007 年的投入产出表，而本章则是采用了国家统计局最新公布的 2010 年投入产出表数据。

鉴于以往的研究存在上述不足，本章在前人的基础上对中国天然气补贴改革的能源、经济、环境影响进行了相关研究。其余的内容安排如下：第三部分对中国天然气的补贴规模以及补贴率进行了科学估计；第四部分构建了能够反映中国实际的可计算一般均衡模型，并且对天然气产业非完全竞争的市场结构进行了详细的刻画，从而更加契合中国的现实国情；第五部分模拟了削减天然气补贴对宏观经济、二氧化碳排放、居民福利、部门经济以及天然气产业垄断利润的影响；第六部分是结论并且提出了相关政策建议。

三、天然气补贴规模及补贴率的估算

对于中国天然气的补贴规模和补贴率，本章参考 IEA（1999）、王韬和叶文奇（2014）利用价差法进行估算。价差法的基本思路是：由于存在能源补贴，能源产品的消费价格低于不存在能源补贴时的市场价格；因此，通过计算不存在补贴状态下的能源产品价格与实际能源产品终端消费价格的差额，即可得到能源产品的补贴规模。价差法的具体计算步骤如下：

首先，价差法的基本公式如方程（5-1）所示。

$$S_i = (M_i - P_i) \cdot C_i \quad (5-1)$$

式中，S_i、M_i、P_i 以及 C_i 分别代表天然气的补贴规模、基准价格、终端消费价格以及消费量。

其次，天然气的基准价格，具体公式形式如方程（5-2）所示。

$$M_i = W_i + D_i + T_i + E_i \quad (5-2)$$

式中，W_i、D_i、T_i 以及 E_i 分别为天然气的基准价格、运销成本、税费以及外部成本。

（1）基准价格。由于国内天然气的生产成本数据难以获得，不能直接确定天然气的基本价格，本章参考李虹等（2011）、姚昕等（2011）对天然气基准价格的计算方式，并在其基础上选取2010年日本、美国、英国、加拿大天然气平均现货价格 1.55 元/立方米①作为天然气的基本价格。运销成本选用国内天然气典型消费市场的平均市场价格与国内天然气平均出厂价格的差值 1.68 元/立方米②作为中国天然气平均运销成本。对于税费，2010年中国天然气产品增值税率为 13%（包含在出厂价格中）。2010 年，经过调整后的中国天然气出厂价格为 1.15 元/立方米，计算可得增值税约为 0.15 元/立方米。对于天然气使用的外部成本，本章参考美国国家研究所（The US Na-

---

① 资料来源：BP（2015）。
② 资料来源：根据《中国物价年鉴2011》的相关统计数据整理得到 2010 年中国 36 个主要城市天然气平均价格为 2.83 元/立方米。此外，据赵连增（2011）的研究，2010 年中国天然气的平均出厂价格为 1.15 元/立方米。

tional Research Council)（2009）的研究，设为 0.095 元/立方米。根据式（5-2），计算得到 2010 年中国天然气基准价格约为 3.48 元/立方米。

（2）天然气终端价格。对于中国天然气的终端消费价格，2010 年中国民用天然气全年平均价格约为 2.68 元/立方米，工业用天然气全年平均价格约为 2.88 元/立方米。[①]

（3）天然气消费量。2010 年中国居民和商业用天然气消费量为 252.9 亿立方米，工业用天然气消费量为 687.25 亿立方米。[②]

根据上述各项数值以及式（5-1）计算可以得出，2010 年中国民用天然气补贴规模为 202.32 亿元，补贴率[③]为 22.99%；中国工业用天然气补贴规模 412.35 亿元，补贴率为 17.24%。因此，2010 年中国天然气总体补贴为 614.67 亿元，平均补贴率为 18.79%。

四、模型构建及数据来源

为了能够模拟削减天然气补贴的经济影响，本章对相关产业部门进行了重新整理，并且构建了可以反映中国实际的多部门可计算一般均衡模型。本模型主要包括 13 个产业部门，其中包括 6 个能源部门（天然气产业，石油开采业，煤炭开采业，石油加工业，燃气的生产与供应业、电力、热力的生产和供应业）以及 7 个非能源部门（农业、化学工业、建筑业、交通运输及仓储邮政业、轻工业、重工业、服务业）。在数据准备中，本章对天然气产业进行了细致的拆分与整合。首先，假定 1997 年与 2010 年投入产出表的投入产出结构固定不变，将石油和天然气开采业按照 1997 年投入产出表拆分，其余部门均按照需求进行合并集结处理。其次，在中国的投入产出表中，还有部分天然气被计入燃气部门内，本章借鉴谭显东（2009）对电力部门拆分的处理方式，假定燃气部门仅包含天然气、液化石油气以及煤气三部分，天然气开采业只对天然气燃气（燃气中的天然气）存在中间投入，石油开采业只对液化石油气存在中间投入，煤炭开采业只对煤气存在中间投入，然后按

---

① 资料来源：《中国物价统计年鉴 2011》。
② 资料来源：《中国能源统计年鉴 2011》。
③ 补贴率＝价差/基准价格。

照三种燃气的中间投入比例进行行与列的拆分。最后,将天然气燃气并入天然气开采业中,得到完整的天然气产业。要素包括资本和劳动,未考虑土地等生产要素。国内经济体主要包括居民、企业以及政府。

1. 非完全竞争CGE模型构建

(1) 模型基本结构。

所有的CGE模型都是基于一般均衡的理论框架,不同学者使用的CGE模型的主要区别在于具体模块结构以及前提假定上存在一定的差异。研究人员通常需要根据研究目的以及数据的可获得性对所要研究的主题进行细化,同时简化与研究无关的模块,避免出现方程体系臃肿而缺乏实际用处的情况。本章构建的CGE模型的主要模块包含生产与贸易模块、价格模块、机构模块、环境模块以及宏观闭合模块,旨在基于现有数据的条件下,能够尽可能全面地反映国民经济体系之间的相互联系。图5-1显示了本模型的基本结构,具体而言,模型描述了如下关系。

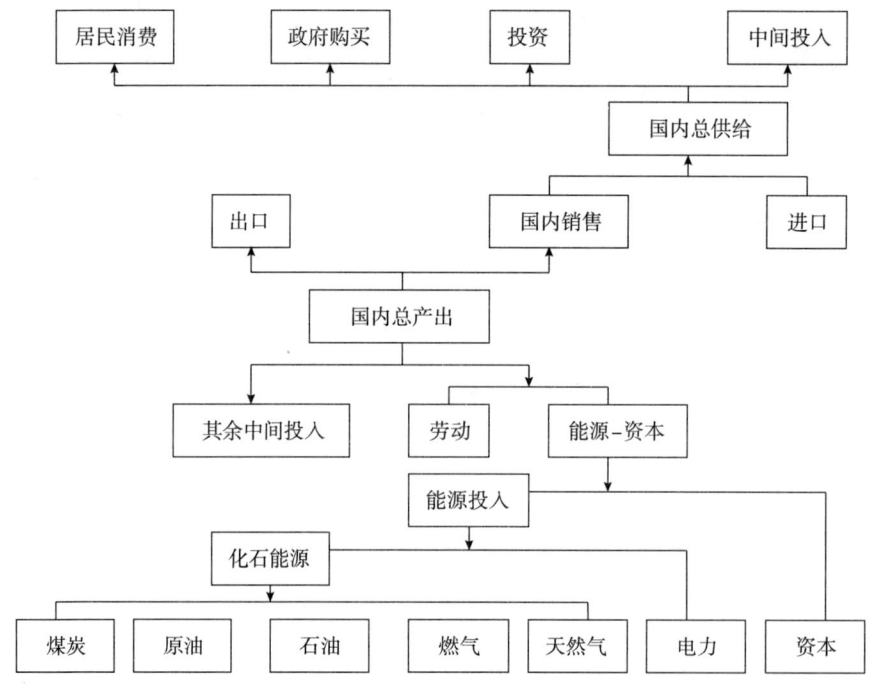

图 5-1 模型基本结构

第一，生产与贸易模块。在模型的最高一层，采用组合生产函数来描述企业的生产行为。劳动与能源资本束经过不变替代弹性（CES）形成总产出，而在对中间投入的描述中，则采用列昂惕夫（Leontief）的生产函数形式，具体形式可由方程（5-3）表示。方程（5-4）为资本能源束的生产函数，该生产函数是一个包括资本、电力以及化石能源三类投入的三层嵌套 CES 函数。方程（5-5）采用 CET（不变转换弹性）函数描述了国内产出在国内销售以及出口之间的分配。在国内市场，接受阿明顿（Armington）假设，即假设国内产品与进口产品之间存在不完全替代性，具体形式可由方程（5-6）表示。

$$QA_c = \begin{cases} \min\left(\dfrac{QINT_{ac}}{ia_{ac}}\right) \\ CES(EK_c, L_c, \gamma_1^c) \end{cases} \quad (5\text{-}3)$$

$$EK_c = CES(K_c, EL_c, EN_{ac}, \gamma_2^c, \gamma_3^c, \gamma_4^c) \quad (5\text{-}4)$$

$$QX_a = \alpha_a^t \left[\delta_a^t QD_a^{\frac{\gamma_a^t-1}{\gamma_a^t}} + (1-\delta_a^t) QE_a^{\frac{\gamma_a^t-1}{\gamma_a^t}} \right]^{\frac{\gamma_a^t}{\gamma_a^t-1}} \quad (5\text{-}5)$$

$$QQ_a = \alpha_a^q \left[\delta_a^q QD_a^{\frac{\gamma_a^q-1}{\gamma_a^q}} + (1-\delta_a^q) QM_a^{\frac{\gamma_a^q-1}{\gamma_a^q}} \right]^{\frac{\gamma_a^q}{\gamma_a^q-1}} \quad (5\text{-}6)$$

式中，QA_c 表示活动产出，$QINT_{ac}$ 表示非能源中间投入，ia_{ac} 表示直接消耗系数，EK_c 表示能源-资本复合品，L_c 表示生产活动劳动需求，K_c 表示生产活动资本需求，EL_c 表示电力中间投入，EN_{ac} 表示化石能源中间投入，γ_1^c、γ_2^c、γ_3^c、γ_4^c 分别表示化石能源之间的替代弹性、化石能源与电力的替代弹性、能源与资本的替代弹性以及能源-资本与劳动的替代弹性，QX_a 表示国内总产出，QD_a 表示国内产出国内销售，QE_a 表示出口，QM_a 表示进口，QQ_a 表示国内总供给。

第二，价格模块。在 CGE 模型系统中，各种实物流以及名义流通过价格联系在一起。该价格模块描述了各种销售价格与成本价格以及税率之间的关系。方程（5-7）和方程（5-8）分别定义了出口品和进口品的价格。方程(5-9)、方程(5-10)以及方程(5-11)则分别定义了化石能源复合品的价格、能源复合品的价格以及能源资本复合品的价格。方程(5-12)、方程(5-13)分别定义了国内产出的成本价格以及产出价格。方程(5-14)定义了国内市场的最终消费价格。

$$PE_a = PWE_a \cdot \phi \tag{5-7}$$

$$PA_a = PWE_a \cdot (1+tm_a)\phi \tag{5-8}$$

$$P_{ENc} = (PQ_1 \cdot EN_{1c} + PQ_2 \cdot EN_{2c} + PQ_3 \cdot EN_{3c} + PQ_4 \cdot EN_{4c} + PQ_5 \cdot EN_{5c})/EN_c \tag{5-9}$$

$$P_{Ec} = (P_{ENc} \cdot EN_c + P_{ELc} \cdot EL_c)/E_c \tag{5-10}$$

$$P_{EKc} = (P_{Ec} \cdot E_c + R \cdot K_c)/EK_c \tag{5-11}$$

$$PA_c^P = \sum ia_{ac} \cdot PQ_a + (P_{EKc} \cdot EK_c + W \cdot L_c)/QA_c \tag{5-12}$$

$$PA_c = (1+t_c^P) \cdot PA_c^P \tag{5-13}$$

$$PQ_a = (PD_a \cdot QD_a + PM_a \cdot QM_a)/((1-tq_a)QQ_a) \tag{5-14}$$

式中,PWE_a表示出口的世界价格,ϕ表示汇率,PWM_a表示进口的世界价格,tm_a表示进口关税税率,EN_c表示化石能源复合品,E_c表示能源复合品,R表示资本的价格,W表示劳动的价格,PD_a表示国内产品的价格,t_c^P表示生产税税率,tq_a表示补贴率。

第三,机构模块。该模块主要定义了居民、企业以及政府的收入和支出行为。方程(5-15)定义了居民的总收入,包括居民的要素收入,企业、政府对居民的转移支付以及居民的国外收益。方程(5-16)定义了居民的支出,包括对商品的消费、上缴个人所得税。方程(5-17)定义了企业收入是企业拥有的资本收入。方程(5-18)定义了企业的支出是企业对居民的转移支付以及企业直接税之和。方程(5-19)定义了政府收入,包括生产税、关税、个人所得税、企业直接税、政府的国外转移支付收入以及政府补贴。方程(5-20)定义了政府的支出,包括对商品的购买、政府对居民的转移支付、政府对国外的转移支付。

$$YH = W \cdot \overline{L} + shif_{hk} \cdot R \cdot \overline{K} + ratehg \cdot YG + \tag{5-15}$$

$$ratehe \cdot YENT + JMGWSY \cdot \phi$$

$$EH = \sum PQ_a \cdot QH_a + ti_h \cdot YH \tag{5-16}$$

$$YENT = shif_{ent} \cdot R \cdot \overline{K} \tag{5-17}$$

$$YEH = ratehe \cdot YENT + tient \cdot (1 - ratehe) \cdot YENT \tag{5-18}$$

$$YG = ti_h \cdot YH + tient \cdot (1 - ratehe) \cdot YENT + \sum tm_a \cdot \phi \cdot PWM \cdot QM_a +$$

$$\sum t_c^p \cdot PA_c^p \cdot QA_c + ZFGWSR \cdot \phi + tq_a \cdot PQ_a \cdot QQ_a$$

$$\tag{5-19}$$

$$EG = \sum PQ_a \cdot QG_a + ratehg \cdot YG + ratewg \cdot YG \tag{5-20}$$

式中，$\overline{L}$ 表示劳动总供给，$\overline{K}$ 表示资本总供给，JMGWSY 表示居民的国外收益，$shif_{hk}$ 表示居民的资本收入份额，ratehg 表示政府对居民的转移支付率，ratehe 表示企业对居民的转移支付率，QH_a 表示居民的消费，ti_h 表示居民的个人所得税税率，$shif_{ent}$ 表示企业的资本收入份额，tient 表示企业的直接税税率，ZFGWSY 表示政府的国外收益，QG_a 表示政府消费，ratewg 表示政府对国外的转移支付率。

第四，宏观闭合模块。为了能够使模型体系达到均衡状态，通常需要描述 CGE 模型的均衡关系。方程（5-21）定义了政府收支均衡，即政府收入等于政府支出加上政府储蓄。方程（5-22）定义了投资储蓄均衡。方程（5-23）定义了国际收支均衡。方程（5-24）定义了商品市场出清。本章在新古典闭合规则框架下，采用长期比较静态分析的方法进行模拟。方程（5-25）、方程（5-26）定义了劳动、资本的供需平衡。

$$YG = EG + sg \cdot YG \tag{5-21}$$

$$V = (1 - mpc) \cdot (1 - ti_h) \cdot YH + ENTSAV + GSAV + FSAV \cdot \phi \tag{5-22}$$

$$\sum \phi \cdot PWM_a \cdot QM_a + ratewg \cdot YG + (1 - shif_{hk} - shif_{ent}) \cdot R \cdot \overline{K}$$

$$= (FSAV + JMGWSY + ZFGWSY + \sum PWE_a \cdot QE_a) \cdot \phi$$

$$\tag{5-23}$$

$$QQ_a = \sum QINT_{ac} + QH_a + QG_a + QINV_a \quad (5-24)$$

$$\sum L_c = \overline{L} \quad (5-25)$$

$$\sum K_c = \overline{K} \quad (5-26)$$

式中，sg 表示政府储蓄率，mpc 表示居民的边际消费倾向，EVTSAV 表示企业储蓄，GSAV 表示政府储蓄，FSAV 表示国外储蓄。

第五，环境模块。本章主要是对二氧化碳的排放进行了相关计算，主要难点在于确定二氧化碳的排放系数。娄峰（2014）为此总结了三种方法：方法一，根据 IPCC（联合国政府间气候变化专门委员会）编制的《IPCC 国家温室气体减排排放清单指南》（能源）中的有效二氧化碳排放因子，再通过实物消费量与实际热量的相互转换得到；方法二，直接引用《日本能源经济统计手册》中的排放系数；方法三，利用国际能源署的 International Energy Statistics 中的统计数据，通过中国三种化石能源的二氧化碳排放量，与能源的实际消费量来计算。本章选用的是方法三。

（2）非完全竞争的引入。

本章重点研究的是天然气产业，因而假定除天然气部门以外的其余产业部门均为完全竞争，着重刻画了天然气产业部门的非完全竞争性。数据资料显示，我国天然气产业的垄断特征非常明显。在天然气开采业，中石油、中石化以及中海油的天然气产量分别为 725.31 亿立方米、123.59 亿立方米、101.74 亿立方米，其余企业生产的天然气占比极低。[1] 在天然气产业中游的管道运输业，截至 2014 年，中国石油天然气集团公司共拥有天然气管网 50836 千米，约占全国的 78%；中国石油化工集团公司拥有天然气管网 4546 千米；中国海洋石油总公司共有天然气长输管线 4163 千米[2]。在天然气产业下游的配气业务中，尽管全国的燃气公司众多，但每一家燃气公司均是其本区域的垄断企业。为了简化分析，本章假定在天然气产业部门中，仅存在三家企业运营，并且假定其为寡头垄断。因而天然气产业的总产出是由该三家企业的总产出构成的，此时，可采用 CES 函数表示该关系，如方程（5-27）

---

[1] 资料来源：《中国化学工业年鉴 2011》。
[2] 资料来源：《中石油 2014 年报》《中石化 2014 年报》《中海油 2014 年报》。

所示。

$$QA_c = CES(QZ_j, \gamma_0), \quad j=1, 2, 3 \quad (5-27)$$

式中，QZ_j 表示天然气产业中第 j 个企业的产出，γ_0 表示不同企业生产的天然气产品之间的替代弹性。

此外，由于天然气产业的自然垄断特征明显，存在规模经济性，为了刻画这一特征，借鉴张晓光（2009）对规模经济的处理方式，在方程（5-3）的基础上加入了固定成本系数，可由方程（5-28）表示。

$$QA_c = CES(EK_c, L_c, \gamma_1^c) + \psi \quad (5-28)$$

在对于需求弹性的计算上，本章参考 Hoffmann（2002）以及 Konan 和 Assche（2007）的处理方式，根据本章设定的生产函数复合规则，能够推出整个经济体系对于天然气的需求弹性[①]。

由于中石油、中海油以及中石化三家集团公司为寡头垄断，因此有式（5-29）、式（5-30）两方程所示的关系。

$$P_j = PA_c \cdot \frac{\partial QA_c}{\partial QZ_{cj}} \quad (5-29)$$

$$P_j = PQ_1 \cdot \frac{\partial QA_u^1}{\partial QZ_{uj}} \quad (5-30)$$

式中，P_j 为第 j（j=1，2，3）个企业生产的天然气价格，PA_c 为部门 c 的产出价格，QA_c 为部门 c 的产出，QZ_{cj} 为部门 c 对第 j 个企业生产的天然气的中间投入需求，PQ_1 为天然气的最终消费需求价格，QA_u^1 为机构部门 u 对天然气的总消费需求，QZ_{uj} 为机构部门 u 对第 j 个企业生产的天然气的消费需求。

中间产品部门对第 j 个公司生产的天然气的需求弹性如方程（5-31）所示，机构部门 u 对第 j 个公司生产的天然气的需求弹性如方程（5-32）所示。整个经济体系对第 j 个企业生产的天然气的需求弹性如方程（5-33）所示。

[①] 由于篇幅限制，具体的推导就不再赘述。

$$\frac{1}{\varepsilon_j^c} = \frac{1}{\gamma_0}(1-s_j^0) + \frac{1}{\gamma_1^c}s_j^0(1-s_1^c) + \frac{1}{\gamma_2^c}s_j^0 s_1^c(1-s_2^c) + \quad (5-31)$$

$$\frac{1}{\gamma_3^c}s_j^0 s_1^c s_2^c(1-s_3^c) + \frac{1}{\gamma_4^c}s_j^0 s_1^c s_2^c s_3^c(1-s_4^c)$$

$$\frac{1}{\varepsilon_j^u} = \frac{1}{\gamma_0} - \left(\frac{1}{\gamma_0}-1\right)s_j^0 \quad (5-32)$$

$$\varepsilon_j = \sum \eta_c \cdot \varepsilon_j^c + \sum \eta_u \cdot \varepsilon_j^u \quad (5-33)$$

式中，s_j^0 为第 j 个企业的市场份额，s_1^c 为部门 c 的天然气占所有化石能源的份额，s_2^c 为部门 c 的化石能源占总能源的份额，s_3^c 为部门 c 的能源占能源-资本的份额，s_4^c 为部门 c 的能源资本占总产出的份额；η_c 为部门 c 的中间投入占总的天然气最终消费需求的份额，η_u 为机构部门 u 的消费占总的天然气最终消费需求的份额。

此外，模型体系中加入非完全竞争因素后，天然气产业的产出价格即方程（5-13）需要将垄断利润率包括进来，如方程（5-34）所示；而企业收入不仅包括企业的资本收入还要加上天然气产业的垄断利润，即方程（5-17）要再加上垄断利润，如方程（5-35）所示。

$$PA_c = (1+\lambda) \cdot (1+t_c^P) \cdot PA_c^P \quad (5-34)$$

$$YENT = shifent_{ent} \cdot R \cdot \bar{K} + \lambda \cdot (1+t_c^P) \cdot PA_c^P \cdot QA_c \quad (5-35)$$

式中，λ 为垄断利润率。

2. 数据处理及参数设定

本章构建的非完全竞争 CGE 模型以社会核算矩阵（SAM）作为模型的数据基础。在编制 SAM 的过程中，主要数据来源于 2010 年投入产出表，还有许多数据分别来源于《中国统计年鉴 2011》、《中国财政年鉴 2011》《国际收支平衡表 2011》《中国能源统计年鉴 2011》等统计资料。由于数据来源的差异等原因，初始编制的社会核算矩阵的账户并不平衡，本章采用 RAS 方法进行调整。

在求解 CGE 模型的过程中，还需要对一些未知参数进行设定。首先，根据哈伯格惯例，各产品与要素的基本价格设置为 1（张晓光，2009），据此校准得到模型中的份额参数以及规模系数。其次，各种弹性参数主要通过查阅相关文献（Bao et al.，2013）得到，此外，不同企业生产的天然气产品之间的替代弹性设定为 5。考虑到 CGE 模型对各种外生参数的取值较为依赖，本章在进行政策模拟时，进行了敏感性分析（减少或增大替代弹性参数），分析结果表明，替代弹性变动时，输出结果的绝对值大小略有变化，但是并不改变各内生变量净效应的方向，说明模型的输出结果具有稳健性。

五、政策模拟

应用本章构建的非完全竞争 CGE 模型，在四种基本情景假定下，模拟了削减天然气补贴（分别削减为 25%、50%、75%、100%）对中国能源-经济-环境的影响。以下主要从宏观经济-环境、部门经济以及天然气产业三个方面对该问题进行分析。

1. 对宏观经济-环境的影响

削减天然气补贴后的宏观经济-环境影响如表 5-1 所示。从表 5-1 的模拟结果来看，削减天然气补贴对中国宏观经济的影响较小，不会对宏观经济造成过大的压力。与模型的基准状态相比较，削减了天然气补贴之后，对实际 GDP 的影响不明显。相对基准情景，由于削减了天然气补贴，对政府来说，政府支出降低，因而政府收入增加，政府消费也增加。而削减天然气补贴后，劳动价格以及资本价格均提高，居民收入出现一定增长。对居民来说，尽管居民的收入水平出现一定程度的增长，但是由于削减天然气补贴后，居民消费价格指数（CPI）出现一定程度的增长，净的效应使居民的福利水平有所下降。企业的收入主要包括企业的资本收入以及垄断利润，而资本价格上涨，企业收入下降，表明垄断企业获得的垄断利润下降。由于居民收入以及政府收入均增加，表明居民储蓄以及政府储蓄也会有所增加，并且国外储蓄也出现一定程度的增长，仅有企业储蓄出现一定程度下降，总的效应是总储蓄有所增长，因而投资出现一定程度增长。对经济体系来说，削减天然气补贴之后，将会导致本国物价水平的上涨，而国际商品的价格被假定为不变，因此会使本国生产的商品相对国外生产的商品竞争力下降，导致出口下降、进口增加。

表 5-1　削减天然气补贴对宏观经济-环境的影响　　　　　单位:%

影响	-25%	-50%	-75%	-100%
实际 GDP	0.00	0.00	0.00	0.00
居民福利（EV）	-0.01	-0.01	-0.01	-0.01
居民收入	0.01	0.02	0.03	0.05
居民消费	0.00	0.00	0.00	0.00
政府收入	0.09	0.17	0.26	0.35
政府消费	0.08	0.16	0.23	0.31
企业收入	-0.04	-0.08	-0.11	-0.15
国外储蓄	0.28	0.60	0.93	1.27
投资	0.02	0.05	0.08	0.10
进口	0.01	0.02	0.03	0.05
出口	-0.06	-0.13	-0.20	-0.27
劳动价格	0.01	0.01	0.02	0.03
资本价格	0.00	0.00	0.01	0.01
CPI	0.01	0.02	0.03	0.04
单位 GDP 天然气消耗	-1.57	-3.14	-4.71	-6.30
二氧化碳排放	-0.02	-0.05	-0.09	-0.12

削减天然气补贴后，天然气价格水平上涨，降低了经济体系对天然气的消费需求，从而降低了二氧化碳排放水平。此外，本章关注的一个重要问题在于天然气资源的利用效率问题。模型模拟结果显示：在四种削减天然气补贴的情景下，单位 GDP 的天然气消耗下降明显，分别下降 1.57%、3.14%、4.71%、6.30%，表明经济主体对天然气的节约意识增强，天然气的利用效率得到显著提升。

2. 对部门经济的影响

削减天然气补贴将会导致经济体系内的相对价格发生变化，从而引起资源的重新配置。随着经济系统重新达到均衡状态，原本的经济体系将会发生变化。表 5-2 显示了削减天然气补贴对部门产出以及成本价格的影响。

表 5-2　削减天然气补贴对产出以及成本价格的影响　　单位:%

产业部门	产出				成本价格			
	-25%	-50%	-75%	-100%	-25%	-50%	-75%	-100%
天然气产业	-0.04	-0.09	-0.14	-0.19	0.22	0.45	0.69	0.93
石油开采业	0.02	0.04	0.06	0.08	0.01	0.01	0.02	0.03
煤炭开采业	0.01	0.01	0.02	0.02	0.01	0.02	0.02	0.03
石油加工业	0.02	0.04	0.06	0.08	0.01	0.02	0.03	0.03
燃气业	0.02	0.05	0.07	0.09	0.01	0.02	0.03	0.04
电力业	-0.01	-0.01	-0.02	-0.02	0.01	0.02	0.03	0.03
农业	-0.01	-0.02	-0.04	-0.05	0.01	0.02	0.03	0.04
化学工业	-0.05	-0.11	-0.17	-0.23	0.03	0.06	0.09	0.13
建筑业	0.02	0.05	0.07	0.10	0.01	0.02	0.03	0.04
交通运输业	0.00	0.00	-0.01	-0.01	0.01	0.02	0.02	0.03
轻工业	-0.02	-0.03	-0.05	-0.07	0.01	0.02	0.03	0.04
重工业	-0.02	-0.04	-0.06	-0.08	0.01	0.02	0.03	0.05
服务业	0.02	0.03	0.05	0.06	0.01	0.02	0.02	0.03

削减天然气补贴将会提高天然气的最终消费价格水平，从而使经济体系原本的商品比价关系发生改变，企业将会重新选择商品的投入组合以达到生产成本最小化的目的。削减天然气补贴后对部门产出的影响呈现出差异化特点，从而导致产业结构发生变化。具体而言，削减天然气补贴后，对天然气产业、电力业、农业、化学工业、交通运输业、轻工业以及重工业均产生一定负面影响，且天然气产业以及化学工业的下降幅度较大；而石油开采业、煤炭开采业、石油加工业、燃气业以及服务业则有一定程度的增加，且能源行业的产出增加较多。削减天然气补贴后，不同产业的生产成本均有所增加，其中，对于天然气产业的影响最为明显，对化学工业的影响次之。表明削减天然气补贴后，各行业对天然气的中间投入成本上涨，从而导致密切使用天然气作为中间投入的产品部门的生产成本上涨，而这反过来又提高了本产品的价格，最终导致经济体系中所有商品的生产成本均出现一定程度的增长。

本章关注的另一个重要问题是，天然气价格上涨引起经济体系中能源结构的变化（见表5-3）。逐步削减天然气补贴后，对不同能源的消费影响存在明显差异。具体而言，削减天然气补贴后，天然气以及电力的消费需求均降低；原油、煤炭、石油以及燃气消费量则在所有情境下均有所增加。但是，各种能源消费的变动幅度不同，从而引起能源消费中替代效应的产生。

表5-3　削减天然气补贴对能源结构的影响　　　单位：%

	-25%	-50%	-75%	-100%
天然气产业	-1.59	-3.24	-4.94	-6.72
石油开采业	0.03	0.06	0.09	0.12
煤炭开采业	0.01	0.01	0.02	0.03
石油加工业	0.02	0.04	0.06	0.09
燃气业	0.02	0.05	0.07	0.09
电力业	-0.01	-0.01	-0.02	-0.02

具体而言，削减天然气补贴后，对天然气的消费影响最强，变动幅度最大，对电力的影响最弱，变动幅度最小。在除天然气之外的化石能源中，其余能源消费均有一定程度增长且增长幅度较为接近。其中，原油的增长幅度最大，煤炭的增长幅度最小，但是考虑到我国的能源消费结构以煤为主，煤炭消费增长的绝对数量会较大。总体而言，削减天然气补贴后，经济体系原本的收入分配状态被打破，经济主体的需求结构发生变化，居民将会选择能够使自身效用最大化的能源组合进行消费，而企业则将会选择使自身成本最小化的能源组合进行购买。其最终结果是，如果其他条件不发生变化，在替代效应的作用下，将会降低天然气的消费比重，转而增加其余化石能源的消费比重，不利于优化我国的能源消费结构。

3. 对天然气产业的影响

从目前的模拟结果来看，削减天然气补贴对于宏观经济以及部门经济的影响均较小，但是对于具体到天然气产业的相关变量，其影响程度均比较大。削减天然气补贴后，最为直接的就是会导致天然气的最终消费价格上涨，在削减天然气补贴的四种情景下，天然气最终消费价格分别上涨1.24%、2.48%、3.74%、5.01%，这是致使经济体系降低天然气消费的直接原因。此外，削减天然气补贴后，天然气的产出价格下降了，主要是因为产出价格由成本价格（已包含了正常利润）与垄断利润两部分共同决定，而垄断利润率的降幅较大。尽管天然气产业的成本价格上涨了，但是天然气产业的垄断利润率在四种情景下的降幅均较大，最终导致天然气产业的产出价格下降明显。由于在本章设定的 CGE 模型之中，国际价格被固定在基期水平，国产天然气的价格下降将会导致国产天然气相对于进口天然气更具竞争优势。因此，天然气的出口将会增加，进口则会降低。而国产天然气出口的部分占比极小，因而可以认为削减天然气补贴后（国内天然气产出降低幅度较小），国内天然气消费的减少量主要来自进口天然气降低的部分。也就是说，削减天然气补贴后，天然气的对外依存度将会降低（见表5-4）。

表 5-4 削减天然气补贴对天然气产业的影响　　　　　单位:%

	-25%	-50%	-75%	-100%
进口	-10.45	-22.58	-36.73	-53.34
出口	11.95	22.89	32.83	41.82
最终消费价格	1.24	2.48	3.74	5.01
产出价格	-3.14	-6.31	-9.50	-12.71
垄断利润率	-3.16	-6.55	-9.95	-13.36

以上总结了削减天然气补贴后对天然气产业相关经济变量的影响，其中一个较为重要的方面是对垄断利润率下降的判断。实际上，从产业结构、能源消费结构以及天然气产业的生产成本三个角度可以解释天然气产业垄断利润率下降的原因。

第一，削减天然气补贴对各产业的产出具有差异化的影响，从而导致产业结构发生变化。削减天然气补贴后，密集使用天然气作为能源投入的部门，其产出基本上均出现下降，如天然气产业、电力业、农业、化学工业、轻工业以及重工业，通过产业结构调整，降低了各产业部门对天然气的中间投入需求，是导致天然气产业垄断利润率下降的重要原因。

第二，能源消费结构因素。削减天然气补贴将改变天然气与其他化石能源以及电力之间的相对价格，其中天然气的最终消费价格上涨明显，导致天然气以及电力的消费均有所下降，而原油、煤炭、石油、燃气的消费则有所增长。各种能源消费变动的幅度不同，导致能源消费中替代效应的产生，能源消费结构发生变化。经济主体降低了对天然气的消费需求，是导致天然气产业垄断利润率下降的又一重要原因。

第三，天然气产业的成本因素。对天然气产业本身而言，天然气是其进行生产活动的重要能源投入，削减天然气补贴将会提高天然气产业的生产成本（在四种情景下，分别上涨 0.22%、045%、0.69%、0.93%），而生产成本的上涨直接压缩了天然气产业的获利空间，是导致天然气产业垄断利润率下降的直接原因。

六、研究结论及政策讨论

本章通过构建天然气部门非完全竞争的 CGE 模型，模拟了削减天然气补贴对中国能源-经济-环境的影响。可以得出以下三个方面的主要结论：①宏观层面。削减天然气补贴对实际 GDP 的影响较小，对政府收入、政府消费、居民收入、国外储蓄、投资、进口、CPI、劳动价格以及资本价格均有正向影响，对居民福利、企业收入以及出口均有负向影响。需要着重强调的是：削减天然气补贴能够降低二氧化碳排放以及单位 GDP 天然气消耗，表明削减天然气补贴能够提高经济主体的节能意识，提高了天然气资源的利用效率。②部门层面。削减天然气补贴对各产业产出的影响呈现出差异化的特点，引起产业结构发生变化；削减天然气补贴提高了经济体系中各产业的生产成本；降低了天然气以及电力的消费，促进了原油、石油、煤炭以及燃气等化石能源的消费。此外，削减天然气补贴通过产业结构调整、能源消费结构调整以及天然气产业的生产成本增加三种途径降低了天然气产业的垄断利润率，抑制了负面的收入分配效应。③天然气产业。削减天然气补贴提高了天然气的最终消费价格，降低了天然气的产出价格，提高了国产天然气的国际竞争力，从而促使天然气的出口增加，进口降低，从而有利于降低天然气的对外依存度。

能源补贴作为一种短期的策略工具，在发展中国家较为普遍。在国家经济发展的初级阶段，能源支持经济增长和提供能源普遍服务的作用更为重要，政府容易采取能源补贴，以压低能源以及一定的环境成本为代价发展经济。待到经济发展进入较为繁荣的阶段，资源、环境、社会目标的重要性随之凸显，此时便会要求进行能源价格改革，提高能源和环境成本，逐步退出化石能源补贴。补贴支出不仅带来政府财政负担，还对其他公共领域的支出以及私人投资产生挤出效应，在多个方面对经济、社会与环境造成不容忽视的负面影响。能源市场自由化和能源补贴改革是我国进一步发展经济、解决资源环境问题的必由之路。从削减天然气补贴的模拟结果来看，由于市场高度垄断，补贴政策的效率低下，扭曲了分配，有碍经济的长期健康发展，不利于资源环境保护。结合我国现实以及实证分析结果，本章提出了如下政策建议。

第一，长期而言，应该逐步削减天然气补贴。尽管削减补贴在短期中会对经济造成一定的负面影响，但其负面影响有限，亦可以通过一定的辅助政策措施予以缓解。削减天然气补贴后，产生的积极影响显著：一是降低了二氧化碳排放水平；二是降低了单位 GDP 天然气消耗，促进了天然气资源的利用效率；三是降低了天然气产业的垄断利润，抑制了负面的收入分配效应。此外，应该"渐进式"地取消天然气补贴，尽管取消补贴对经济体系的影响有限，但是对天然气产业的影响比较显著。因此，为了缓和补贴改革的负面影响，避免对天然气产业造成较大冲击，可分别按照一定幅度分阶段取消天然气补贴。

第二，提高国有企业效率。由于政策准入壁垒的存在，我国天然气产业高度垄断，尤其是产业链的中上游，基本由中石油、中石化以及中海油三家能源国有企业瓜分。模拟结果表明，完全取消天然气补贴后，如果不能提高生产效率、降低生产成本，天然气生产企业的利润将会显著下降。当取消天然气补贴使得天然气生产行业的利润下降过大，企业将难以生存，不利于天然气产业供应侧的有序发展。效率的提高可以改善天然气生产企业的财务状况，减少财政转移的需要。因此，在天然气补贴改革的同时，需要通过改善国有企业治理、加强监管等方式来提高企业效率。

第三，采取有针对性的措施对低收入居民进行合理补贴。包括天然气在内的能源价格上涨会对低收入人群的实际收入造成显著的不利影响，不仅由于烹饪、加热、照明和私人交通的用能价格的提高，还因为包括食物在内的其他以能源作为投入的商品和服务的价格也提高了。模拟结果显示，在政府完全取消天然气补贴的情况下，居民福利水平下降0.01%，CPI上涨0.04%。因此，政府在取消天然气补贴的同时，需要对低收入居民给予一定的补偿，或者适当增加对社会公共事业的投入力度，以降低政策对弱势群体带来的不利影响。

第四，将天然气补贴改革纳入一个更广泛的市场化改革中。引入竞争机制有助于减少能源供应的成本和价格，提高效率，从根本上解决长期发展问题。削减补贴应当作为更广泛的市场化改革的一部分，同时还须逐步打破天然气产业的行政垄断，引入市场竞争机制，推动天然气产业的市场化进程。当天然气产业存在垄断势力时，往往会存在垄断利润，垄断利润的存在一方面会使行业之间的收入分配不合理（垄断行业的收入水平偏高）；另一方面会造成社会福利的损失，存在帕累托改进的余地。政策制定者应当认识到补贴在短期内能够解决某些问题，但不是首要方法，关键还是要逐步在天然气产业内引入竞争机制，推进天然气产业的市场化改革。

[参考文献]

何凌云、程怡、殷勇（2013）：《内外能源价差对中国碳排放影响的非对称效应》，《中国人口·资源与环境》第23卷第11期，第14-20页。

李虹、董亮、谢明华（2011）：《取消燃气和电力补贴对我国居民生活的影响》，《经济研究》第2期，第100-112页。

李虹（2010）：《低碳背景下化石能源补贴改革障碍及中国对策研究》，《经济理论与经济管理》第10期，第20-26页。

林伯强、蒋竺均、林静（2009）：《有目标的电价补贴有助于能源公平和效率》，《金融研究》第11期，第1-18页。

刘伟、李虹（2014）：《中国煤炭补贴改革与二氧化碳减排效应研究》，

《经济研究》第 8 期,第 146-157 页。

娄峰(2014):《碳税征收对我国宏观经济及碳减排影响的模拟研究》,《数量经济技术经济研究》第 10 期,第 84-96 页。

谭显东(2008):《电力可计算一般均衡模型的构建及应用研究》,北京:华北电力大学(北京)。

王韬、叶文奇(2014):《电力和天然气补贴对经济及产业结构的影响——基于 CGE 建模的分析》,《系统工程》第 9 期,第 61-67 页。

姚昕、蒋竺均、刘江华(2011):《改革化石能源补贴可以支持清洁能源发展》,《金融研究》第 3 期,第 184-197 页。

张晓光(2009):《一般均衡的理论与实用模型》,北京:中国人民大学出版社。

赵连增(2011):《中国天然气价格困局——天然气价格改革思考之一》,《国际石油经济》第 Z1 期,第 98-106 页。

周勤、赵静、盛巧燕(2011):《中国能源补贴政策形成和出口产品竞争优势的关系研究》,《中国工业经济》第 3 期,第 47-56 页。

Anderson, K., McKibbin, W. (1997), "Coal Subsidies and Global Carbon Emissions", Invited Paper presented at the 41st Conference of the Australian Agricultural and Resource Economics Society, Gold Coast, pp. 22-24.

Bao, Q., Ling, Tang and Zhang, Zhongxiang (2013), "Impacts of Border Carbon Adjustments on China's Sectoral Emission: Simulations with a Dynamic Computable General Equilibrium Model", *China Economic Review*, (24), pp. 77-94.

BP. (2015), BP Statistical Review of World Energy, June.

Brannon, G. M. (1974), "Energy Taxes and Subsidies", Cambridge: Mass.

Burniaux, J. M., Martin, J. P., Nicoletti, G., et al. (1992), "The Costs of Reducing CO_2 Emissions: A Comparison of Carbon Tax Curves with GREEN", OECD Economics Department Working Papers.

Dube, I. (2003), "Impact of Energy Subsidies on Energy Consumption and Supply in Zimbabwe. Do the Urban Poor Really Benefit?", *Energy Policy*, 32 (15), pp. 1635-1645.

Fofana, I. , Chitiga, M. , Mabugu, R. (2009), "Oil prices and the South African Economy: A Macro-meso-micro Analysis", *Energy Policy*, 37 (12), pp. 5509-5518.

Hoffmann, A. N. (2002), "Imperfect Competition in Computable General Equilibrium Models-a Primer", *Economic Modelling*, 20 (1), pp. 119-139.

IEA (1999), "World Energy Outlook *1999*", Paris: OECD.

IEA (2010), "World Energy Outlook *2010*", Paris: OECD.

Kebede, B. (2006), "Energy Subsidies and Costs in Urban Ethiopia: The Cases of Kerosene and Electricity", *Renewable Energy*, 31 (13), pp. 2140-2151.

Konan, D. E. , A. V. Assche (2007), "Regulation, Market Structure and Service Trade Liberalization", *Economic Modelling*, 24 (6), pp. 895-923.

National Research Council of the National Academies (2009), "Hidden Costs of Energy: Unpriced Consequences of Energy Production and Use", Washington, D. C. : The National Academies Press.

Saboohi, Y. (2001), "An Evaluation of the Impact of Reducing Energy Subsidies on Living Expenses of Households", *Energy Policy*, 29 (3), pp. 245-252.

Saunders, M. , K. Schneider (2002), "Removing Energy Subsidies in Developing and Transition Economics", ABARE Conference Paper 14.

Shafie-Pour Motlagh, M. , Farsiabi, M. M. (2007), "An Environmental & Economic Analysis for Reducing Energy Subsidies", *International Journal of Environmental Research*, 1 (2), pp. 150-151.

附 录

投入产出结构、行业异质性与中国经济波动*

【摘 要】 本附录以中国经济现实为基础，构建并估计了一个具有投入产出结构的新凯恩斯 DSGE 模型，分析了外生冲击对宏观经济、行业经济的差异性影响，以及投入产出结构、行业消费结构、价格黏性、要素密集度等行业异质性特征在宏观总量与行业波动中的作用。基于中国 1996~2014 年季度数据的校准和估计，我们发现，多行业模型与传统单行业模型模拟得到的外生冲击对宏观经济总量的影响总体一致，但外生冲击对行业经济的影响存在明显差异，主要原因来自行业间在价格黏性、投入产出结构和要素密集度三个方面的差异及其相互作用。本附录的多行业模型较好地保留了传统单行业模型中的总量性质，同时又可以分析行业经济波动，特别是行业异质性和投入产出结构的影响，因此可以更好地分析中国宏观和行业经济波动，并作为相关政策实验的参考。

一、引言

具有新凯恩斯主义（New Keynesian）特征的动态随机一般均衡（Dynamic Stochastic General Equilibrium，DSGE）模型已经成为当前国际上宏

---

* 本附录以《投入产出结构、行业异质性与中国经济波动》为题发表于《世界经济》2017 年第 40 卷第 8 期。有改动。

观经济波动和相关政策分析的主流方法。不过，由于既有研究主要关注宏观经济的总量波动，多数模型往往将现实经济视作一个总量行为，而抽象掉不同行业的差异和关联。但现实经济由多个行业构成，这些行业在生产技术、产品用途等诸多方面存在显著差异，同时又存在紧密的投入产出联系。因此，在经济波动分析中引入行业异质性与投入产出关系，不仅可以考虑各行业的自身冲击对宏观经济的影响，而且可以研究外生冲击对不同行业的差异性影响及其在行业间的传导。

中国经济正在发生深刻的结构变化，产业结构特征对于长期增长和短期波动都具有决定性的影响。因此，在传统的 DSGE 总量模型中引入行业异质性与产业关联，不仅能够更好地分析经济运行与政策调控等宏观问题，而且还能分析行业经济波动与产业结构变化等中观问题，对当前形势下的中国经济尤其具有重要的现实意义。近年来，随着国内外经济环境的日益复杂，DSGE 模型在中国的应用越来越广泛和深入（刘斌，2008；李连发和辛晓岱，2012；侯成琪和龚六堂，2013，2014；王爱俭和王璟怡，2014）。不过，国内现有研究要么忽略了产业结构特征，特别是行业间的投入产出关系，难以充分刻画行业经济波动；要么仅仅在真实经济周期（Real Business Cycle，RBC）框架下引入行业特征，忽略了凯恩斯主义特征，无法分析通货膨胀、货币政策等问题。

为同时弥补以上两方面不足，本附录将宏观经济中的凯恩斯主义特征与行业间的投入产出结构相结合，建立了包含企业、家庭、金融中介和政府四个部门，以及农业、工业、建筑业、交通运输仓储邮政业（后文简记为交通仓储业）、批发零售业、住宿餐饮业、房地产业和其他服务业八个行业的 DSGE 模型。特别地，为进一步接近现实经济，我们在国外最新文献的基础上进行了两方面拓展：一是将各行业消费品、中间品的加总设定从柯布-道格拉斯（Cobb - Douglas，CD）形式扩展到更为一般的不变替代弹性（Constant Elasticity of Subtitution，CES）形式，使模型设定更为一般化，从而可以更灵活、更充分地反映行业间的差异与联系；二是引入金融中介部门，进一步丰富了外生冲击的传导渠道，特别是货币政策传递的供给渠道（又称为成本渠道），使模型机制更为贴近中国现实。本附录模型可以讨论消费冲击、投资冲击、货币政策冲击、信贷冲击和各行业技术冲击等对宏观总量和行业经济的影响及其差异,为宏观、行业经济分析与政策制定提供更为丰富和可靠的参考。

在此基础上,我们运用中国 1996~2014 年的季度数据对模型做了校准和估计,分析了各行业的价格黏性差异、外生冲击对宏观经济和行业经济的影响,并对比分析了多行业模型[1]与单行业模型的异同以及导致行业效应差异性的原因。结果发现,首先,中国各行业的价格黏性存在明显不同,短期内外生冲击对各行业的影响差异较大,但长期来看各行业产出的变动基本是同向的,即行业间存在协动性(Comovement)。其次,单行业模型与多行业模型模拟得到的外生冲击对宏观经济总量的影响基本一致,表明传统的单行业模型是对总量分析的一种良好的简化处理方式,而多行业模型可以深入地分析外生冲击对各行业经济的差异性影响。再次,这种行业差异性来源于需求和供给两个方面,其中生产结构差异的作用更为突出。最后,各行业生产结构中价格黏性、投入产出结构和要素密集度的差异都非常关键,忽视其中任何一个方面都可能导致对行业经济动态分析的偏差。

本附录的边际贡献主要体现在四个方面:第一,我们首次构建了以中国现实经济为基础同时包含凯恩斯主义和投入产出特征的多部门多行业 DSGE 模型,为中国宏观经济波动分析和政策研究提供了新的视角和工具。第二,本附录利用该模型重点分析各行业间消费需求、价格黏性、投入产出结构和要素密集度四种异质性在中国经济波动中的作用。第三,通过对比单行业模型与多行业模型,我们探讨了两者在经济波动研究中优缺点和适用性。第四,本附录首次利用具有投入产出结构的 DSGE 模型研究了中国各行业价格黏性等多个方面的波动特征,丰富了我们对行业波动的认识。

本附录剩余部分安排如下:第二部分是文献综述;第三部分建立了多行业 DSGE 模型;第四部分是模型校准和参数估计;第五部分模拟外生冲击效应;第六部分分析模型机制分析;第七部分是结论。

---

[1] 文献中往往将根据主体或者产业的经济划分都称为部门(Sector)。考虑到本附录同时引入了这两种划分,为表述方便,我们将前者称为部门,将后者称为行业。特别是考虑到本附录模型的关键是根据实际行业状况(如农业、工业、建筑业等)对产业部门进行划分,因而称为多行业模型。

二、文献综述

新凯恩斯主义的 DSGE 模型起源于 Kydland 和 Prescott（1982）提出的 RBC 模型，它保留了 RBC 模型中的理性预期和一般均衡的设定，同时又引入了不完全竞争市场、短期货币政策非中性的特征。该模型既有坚实的微观经济学基础，又有明确的宏观政策含义，迅速成为当前宏观经济和政策分析的主流框架。由于主要关注总量波动，早期的 DSGE 模型大多采用单一行业的分析框架。近年来，随着分析方法的发展、数据的丰富和政策研究需求的提高，多行业 DSGE 模型的开发和应用也日益活跃。不过，现有模型引入行业通常是为区分最终消费需求而不是考虑投入产出结构。如 Christoffel 等（2008）建立了具有消费品、投资品、公共品三个最终品行业的 DSGE 模型，但这三个行业之间并没有生产上的联系。Eusepi 等（2011）构建了包含食品、住房、医疗等 15 个行业的 DSGE 模型，其行业划分与现实经济比较接近，但由于它们没有引入资本品和中间品，因而各行业之间也不存在真正意义上的投入产出联系。侯成琪和龚六堂（2014）尝试通过构建多行业的 DSGE 模型来研究中国行业价格黏性差异与货币政策传导，不过他们假设劳动是唯一的投入要素，不同行业只是在最终消费和价格黏性上存在差异，因而同样没有引入投入产出结构。

为了便于处理，目前较为全面刻画投入产出结构的宏观经济模型大多建立在 RBC 框架基础上。早期的研究以 Long 和 Plosser（1983）为代表，他们构建了一个不含资本的六行业模型，重点分析了经济周期波动的持续性和行业协动性的特点。随后，Horvath（2000）在他们的基础上引入了资本品，建立了具有投入产出结构的多行业 RBC 模型，发现仅行业冲击就可以较好地解释总产出波动。最近，Foerster 等（2011）运用计量方法和多行业 RBC 模型来分解行业异质性冲击与宏观总体冲击对美国工业增加值增长率的影响，发现大缓和（Great Moderation）时期行业异质性冲击的影响明显上升。王佳和张金水（2011）运用农业、制造业、建筑业等七行业的 RBC 模型研究了不同行业的技术冲击对中国宏观及行业经济的影响，并对比了整体技术冲击和行业技术冲击的影响差异。然而，由于 RBC 框架下市场只能是完全竞争的，也不允许存在任何调整摩擦，因而难以引入价格黏性和货币冲击等重要机制。换言之，虽然这类模型可以用来探讨某些波动问题，但难以满足宏观波动分析和相关政策研究的全面要求。

实际上，近年来已经有一些新凯恩斯主义 DSGE 模型也开始尝试引入投入产出结构，但多数模型设定比较简单，对行业间的投入产出关系刻画不够全面。例如，在 Petrella 等（2011）建立的服务业和工业的双行业 DSGE 模型中，两个行业的产品既用作消费品又用作中间品，但模型中没有引入资本品和行业间的相互投资，与实际的投入产出关系有很大差异。再如，在 Bouakez 等（2011）和 Sudo（2012）等的耐用品-非耐用品双行业模型中，两类产品均可作为中间品和消费品，其中耐用品又可作为投资品被家庭购买，但仍然忽略了企业自主投资以及投资差异的特征。当然，也有少数研究对投入产出的刻画比较全面，为本附录提供了重要参考。如 Bouakez 等（2009，2014）在 DSGE 模型中引入了各行业在中间品和投资品的投入产出关联，证实了不同行业在要素密集度、价格黏性等多方面存在明显差异，同时发现货币政策对不同行业的影响也不同。不过，这些研究都以美国投入产出关系为基础，而且对各行业消费和中间投入加总方式的设定比较严格，并不能够充分刻画中国的行业关联特征。

综上可见，已有研究开始尝试构建同时包含投入产出结构与新凯恩斯主义特征的 DSGE 模型，但总体数量较少，对具体机制的分析不够深入，在模型设定上也存在改进空间。与此同时，国内虽然也有个别研究开始探讨投入产出关系在经济波动中的作用，但其框架还无法容纳行业价格黏性差异、货币政策传递等问题。因此，我们认为，应当进一步以中国现实为基础，完善 DSGE 模型中投入产出结构与新凯恩斯主义特征的结合，以期更为深入和全面地分析中国宏观和行业经济的波动状况。基于这一思路，本附录在 Bouakez 等（2009，2014）的研究基础上，一方面将各行业消费品、中间品的加总设定从柯布-道格拉斯形式扩展为不变替代弹性形式，从而使模型设定更为一般化，可以更灵活、更充分地反映行业间的差异与联系；另一方面采用"营运资本"方式引入货币政策的供给渠道，进一步丰富了外生冲击的传导渠道和对货币政策传导机制的分析。通过利用中国宏观和行业数据，我们对模型进行了校准和估计，从而分析了外生冲击对宏观经济和行业经济的差异性影响,并对比分析了多行业模型与单行业模型的结论差异,以及消费需求、价格黏性、投入产出结构和要素密集度四方面异质性因素对行业效应差异性的影响。

三、基本模型

假设经济包含家庭、企业、金融中介和政府四个部门。家庭部门向各行业提供劳动获得工资收入,通过共同基金方式购买企业股票以获得分红,并决定每期的消费以及货币、存款和基金的持有数量。生产部门由差异性的 j 个行业构成,各行业利用劳动、资本品和中间品进行生产,其产品可以用作消费品、中间品和投资品。① 金融部门从家庭吸收存款,贷款给企业获得利差收入。政府部门则通过货币政策来调控经济。②

1. 家庭部门

家庭部门由 [0,1] 连续统计家庭构成,代表性家庭的效用由消费、持有实际货币余额和闲暇水平决定,效用函数如下:

$$E_\tau \sum_{t=\tau}^{\infty} \beta^{t-\tau} \left[\eta_{C,t} \log(C_t) + \frac{(M_t/P_t)^{1-\varepsilon_m}}{1-\varepsilon_m} + \eta_t \log(1-N_t) \right] \quad (1)$$

式中,β 是家庭主观贴现率,C_t 是总消费,M_t 是家庭持有的货币余额,P_t 是居民消费价格指数(CPI),ε_m 是货币需求弹性的倒数,N_t 是总劳动供给。为引入家庭消费和劳动供给冲击,我们允许消费和休闲的偏好强度 $\eta_{C,t}$ 和 η_t 都存在随机扰动。

假设总消费是对各行业产品消费的加总,即 $C_t = \left[\sum_{j=1}^{J} (\xi^j)^{1/\zeta_C} (c_t^j)^{(\zeta_C-1)/\zeta_C} \right]^{\zeta_C/(\zeta_C-1)}$,式中,$\xi^j$ 反映了行业 j 的消费对总消费的贡献强度

---

① 值得指出的是,这隐含着对于同一个行业的产品,无论是用于消费、投资还是作为中间品,其销售价格都相等。就中国的现实情况而言,在计划经济和改革开放初期同一产品的价格在不同市场中往往存在较大差异,但自 1994 年以来绝大部分商品已经完全由市场定价,不同市场价格变化已经高度同步,其差异主要来源是流通成本不同。为了分析的方便,我们忽略了这一差异,或者说在模型中仅考虑各部门的平均价格。

② 限于篇幅,完整模型推导过程略去,备索。

($\sum_{j=1}^{J} \xi^j = 1$)，ζ_C 是各行业产品的消费替代弹性。进一步地，行业消费由该行业内企业的差异性产品构成，即 $c_t^j = \left[\int_0^1 (c_t^{lj})^{(\theta-1)/\theta} dl\right]^{\theta/(\theta-1)}$，式中，$c_t^{lj}$ 是来自行业 j 企业 l 的消费品，θ 是该行业内差异性产品的替代弹性①。

假设家庭的总劳动供给为 $N_t = \left[\sum_{j=1}^{J} (n_t^j)^{(\zeta+1)/\zeta}\right]^{\zeta/(\zeta+1)}$，式中，$n_t^j$ 是 j 行业劳动供给，$0<\zeta<\infty$ 是行业间的劳动替代弹性。这种加总设定意味着不同行业劳动之间是不完全替代的，从而不同行业的均衡就业可以存在差异。但对于每个行业，我们假设代表行业劳动供给等于家庭在该行业不同企业提供的劳动的总和 $n_t^j = \int_0^1 n_t^{lj} dl$，即对于同一个行业内部的不同企业，劳动是完全可替代的，因而均衡时不同家庭在同一行业的工资、就业是完全相等的。

代表性家庭的收入由工资收入、存款本息、上一期的货币、共同基金收益和政府一次性转移支付构成，支出由消费、存款、持有货币和共同基金构成，从而家庭的预算约束为：

$$C_t + b_t + m_t + \sum_{j=1}^{J} \int_0^1 \left(\frac{a_t^{lj} s_t^{lj}}{P_t}\right) dl$$

$$= \sum_{j=1}^{J} \int_0^1 \left(\frac{w_t^{lj} n_t^{lj}}{P_t}\right) dl + \frac{R_{t-1} b_{t-1}}{\pi_t} + \frac{m_{t-1}}{\pi_t} + \sum_{j=1}^{J} \int_0^1 \left(\frac{(d_t^{lj} + a_t^{lj}) s_{t-1}^{lj}}{P_t}\right) dl + \frac{Y_t}{P_t}$$

(2)

式中，$b_t = B_t/P_t$ 是家庭的实际存款，$m_t = M_t/P_t$ 是持有的实际货币余额，a_t^{lj} 为行业 j 企业 l 的股价，s_t^{lj} 为家庭对行业 j 企业 l 的股票投资，w_t^{lj} 是行业 j 企业 l 的工资，R_t 是存款的名义利率（从而实际利率为 $r_t = R_t - E_t \pi_{t+1}$），$\pi_t = P_t/P_{t-1}$ 是 CPI 通货膨胀率，d_t^{lj} 为分红，Y_t 是政府的一次性转移支付。

2. 生产部门

生产部门设定是本附录引入投入产出结构的关键。在现实经济中，各行

---

① 考虑到同一产品可以作为消费品、投入品和投资品且服从一价法则，我们设定行业内差异性产品（消费品、投入品和投资品）的替代弹性都为 θ。由于行业内产品的替代弹性通常大于不同行业产品的替代弹性，不失一般性，我们假设 $\theta > \max\{\zeta_C, \zeta_H, 1\}$，$\zeta_H$ 为各行业投入品之间的替代弹性。

业生产都需要使用其他行业的产品作为中间品或投资品,而各行业使用其他行业产品的比例、结构又存在明显的差异,这种行业间的联系和差异通常被传统的 DSGE 模型忽略。本附录对生产部门的设定做了改进,不仅在企业生产函数中引入差异性的复合中间品,而且在资本积累方程中引入差异性的复合投资品,从而使模型可以直接考察各行业之间的投入产出关系。

具体地,我们假设各行业由 [0, 1] 连续统计分布的垄断竞争的代表性企业组成。设各行业代表性企业的生产函数为①:

$$y_t^{lj} = (z_t^j n_t^{lj})^{\upsilon^j} (k_t^{lj})^{\alpha^j} (H_t^{lj})^{\gamma^j} \qquad (3)$$

式中,y_t^{lj} 代表行业 j 中企业 l 的产出,z_t^j 是行业 j 的技术冲击,n_t^{lj} 是劳动投入,k_t^{lj} 是资本,H_t^{lj} 是中间投入品,υ^j、α^j、γ^j 分别是劳动、资本和中间品的产出弹性。为了方便,我们假设企业的生产技术是规模报酬不变的,即 $\upsilon^j + \alpha^j + \gamma^j = 1$。

为刻画行业间中间投入的关联,我们假设 $H_t^{lj} = \left[\sum_{i=1}^{J} (\zeta_{ij})^{1/\zeta_H} (h_{i,t}^{lj})^{(\zeta_H - 1)/\zeta_H} \right]^{\zeta_H/(\zeta_H - 1)}$,式中,$h_{i,t}^{lj}$ 为行业 j 企业 l 使用的源自行业 i 的投入品,ζ_H 为各行业投入品之间的替代弹性,ζ_{ij} 为复合比例(因而有 $\sum_{j=1}^{J} \zeta_{ij} = 1$),可用中间品投入矩阵来表示。我们允许复合比例存在使用行业与来源行业两方面差异,以反映各行业投入关联方向与强度的差异。进一步地,我们假设源自行业 i 的投入品由该行业不同企业产品复合而成,即 $h_{i,t}^{lj} = \left[\int_0^1 (h_{mi,t}^{lj})^{(\theta-1)/\theta} dm \right]^{\theta/(\theta-1)}$,式中,$h_{mi,t}^{lj}$ 是行业 j 企业 l 使用的、由行业 i 企业 m 生产的产品。

假设企业自己持有资本,其资本积累方程如下:

$$k_{t+1}^{lj} = (1 - \delta) k_t^{lj} + X_t^{lj} \qquad (4)$$

---

① 现实经济中行业之间的差异包括许多方面的内容,比如企业所有制性质、行业提供的产品性质等,本附录的研究重点在于分析投入产出结构和行业消费结构、价格黏性、要素密集度等行业异质性特征在宏观经济总量与行业经济波动中的作用。除了这些行业异质性特征,我们并没有考虑其他可能造成行业扭曲的因素,这不仅是为了让研究的问题更加集中,而且也是出于避免模型过于复杂、难以求解的现实考虑。

式中，δ是折旧率，X_t^{lj}是复合投资品。此外，企业在投资时面临如下调整成本：$\Gamma_t^{lj}=\Gamma(X_t^{lj}, k_t^{lj})=\frac{\chi}{2}\left(\frac{X_t^{lj}}{k_t^{lj}}-\delta\right)^2 k_t^{lj}$，式中，$\chi>0$是投资调整成本参数。

为了反映行业间投资的关联，我们假设 $X_t^{lj} = \prod_{i=1}^{J}\kappa_{ij}^{-\kappa_{ij}}(x_{i,t}^{lj})^{\kappa_{ij}}$，式中，$\kappa_{ij}$为复合比例（因而有 $\sum_{j=1}^{J}\kappa_{ij} = 1$）①，可以用投资矩阵表示。与中间投入品类似，我们用复合比例的差异来捕捉各行业投资关联的方向与强度。源自行业 i 的投资品也由行业内不同企业产品复合而成，$x_{i,t}^{lj}=\left[\int_0^1 (x_{mi,t}^{lj})^{(\theta-1)/\theta}dm\right]^{\theta/(\theta-1)}$，式中，$x_{mi,t}^{lj}$表示行业 j 企业 l 使用的由行业 i 企业 m 生产的产品。价格黏性是新凯恩斯主义 DSGE 模型与 RBC 模型的核心区别，既反映它们对现实经济的不同抽象，又具有明确的政策含义。为了处理方便，我们假设企业在调整价格时面临如下的 Rotemberg（1982）调整成本②：

$$\Phi_t^{lj}=\Phi(p_t^{lj}, p_{t-1}^{lj})=\frac{\phi^j}{2}\left(\frac{p_t^{lj}}{\pi_{ss}p_{t-1}^{lj}}-1\right)^2 \tag{5}$$

式中，p_t^{lj}代表 t 时期行业 j 中企业 l 的产出价格，π_{ss}是稳态下的通货膨胀率。ϕ^j是价格调整成本参数，其差异反映了各行业价格黏性的不同。

Bouakez 等（2009，2014）在其多行业 DSGE 模型中只考虑了货币政策需求渠道的影响，即通过影响总需求（如消费、投资等）进而影响实体经济，这使政策当局在制定最优货币政策时无须面对稳定通货膨胀和稳定产出缺口的取舍问题（Ravenna and Walsh，2006）。但是，Barth Ⅲ 和 Ramey（2002）、Christiano 等（2005）、Gaiotti 和 Secchi（2006）和 Tillmann（2008）等经大量研究发现供给渠道在货币政策影响中发挥着显著的作用。为此，我

---

① 需要指出的是，由于投资品以线性方式进入资本积累方程，如果采用 CES 形式加总求解过于复杂，为处理方便这里假定投资品以 CD 形式加总，或者说假设替代弹性 $\zeta_K=1$。

② 另一种常见的价格黏性设定是 Calvo（1983）定价，即假设每期代表性企业以 $1-\varpi^j$ 的概率采用最优定价，否则保持上期价格不变。本质上，两者一阶动态是等价的，且有 $\phi^j=(\theta-1)\varpi^j/[(1-\varpi^j)(1-\beta\varpi^j)]$。Calvo 的价格黏性参数能够直观地刻画价格调整的周期，而 Rotemberg 设定则便于异质性企业的加总。本附录引入了多部门的结构和行业内部的 CES 加总，模型复杂，为便于加总采用了后者。

们借鉴文献中广泛采用的营运资本（Working Capital）设定引入货币政策的供给渠道（Blinder, 1987; Christiano and Eichenbaum, 1992; Christiano et al., 1997; Dedola and Lippi, 2005; Adolfson et al., 2007; Tillmann, 2008; Adolfson et al., 2014）。

具体而言，我们假设每一时期企业都需要从金融中介以利率 R_t^L 借入营运资本来预付工资，从而每期企业的分红满足：

$$d_t^{lj} = (1 - \Phi_t^{lj}) p_t^{lj} \left(c_t^{lj} + \sum_{i=1}^{J} \int_0^1 x_{mi,t}^{lj} dm + \sum_{i=1}^{J} \int_0^1 h_{mi,t}^{lj} dm \right) - R_t^L w_t^{lj} n_t^{lj} - Q_t^{Hj} H_t^{lj} - \tau_t Q_t^{Xj} (X_t^{lj} + \Gamma_t^{lj}) \quad (6)$$

式中，Q_t^{Hj} 为中间投入品价格，Q_t^{Xj} 为复合投资品价格，τ_t 为投资调整成本冲击。企业的目标为选择 $\{n_t^{lj}, x_{mi,t}^{lj}, h_{mi,t}^{lj}, k_t^{lj}, p_t^{lj}\}_{t=s}^{\infty}$ 来最大化其终身利润 $E_s \sum_{t=s}^{\infty} \beta^{t-s} \left(\frac{\Lambda_s}{\Lambda_t} \right) \left(\frac{d_t^{lj}}{P_t} \right)$（式中，$\Lambda$ 表示消费者的财富边际效用），并将利润以股票分红形式分给家庭。

3. 金融中介

参考 Christiano 等（1997）、Adolfson 等（2007）的处理，并考虑到中国金融中介的顺周期操作特征及其采用的存贷比政策（2015年6月之前），我们假设竞争性金融中介按如下方式将存款转化贷款：①

$$L_t = \gamma_B \cdot \varepsilon_t^B (Y_t^R / Y^R)^{\tau_B} B_t \quad (7)$$

式中，γ_B 等于稳态下的存贷比 L/B，$0 < \gamma_B \leq 1$；ε_t^B 为外生的信贷冲击；Y_t^R 为实际 GDP，Y^R 为其稳态值，$\tau_B > 0$ 反映了金融中介顺周期操作的特点。

4. 货币当局

货币当局采用货币政策来调控宏观经济。记货币供应量的增长率为 $\mu_t = M_t / M_{t-1}$。参考 Zhang（2009），我们假设货币当局采用数量规则的货币政策来调控宏观经济：

$$\hat{\mu}_t = \rho_\mu \hat{\mu}_{t-1} - \rho_\pi \hat{\pi}_t - \rho_Y \hat{Y}_t^R + \varepsilon_t^\mu \quad (8)$$

---

① 需要指出的是，这里对金融中介的设定只是为了封闭营运资本供求，而不是刻画实际金融中介部门的行为，因而本附录也采用绝大多数研究的处理方式，假设金融中介是完全竞争的。

式中，ε_t^μ 是货币政策冲击。

5. 外生冲击

经济中存在技术、偏好、投资等冲击，我们设所有外生冲击都满足 AR(1) 过程：$\hat{\Theta}_t = \rho_\Theta \hat{\Theta}_{t-1} + \varepsilon_t^\Theta$，式中，$\hat{\Theta}$ 为各种冲击，ρ_Θ 为自相关系数，ε_t^Θ 为随机扰动。

6. 市场均衡

市场均衡条件下，家庭的决策都是相同的，家庭共同基金恰好购买所有行业的企业股票。对于单个行业内部，所有企业决策也都一致，从而有 $p_t^j = p_t^{lj}$，$c_t^j = c_t^{lj}$，$n_t^j = n_t^{lj}$，$B_t^j = B_t^{lj}$，$L_t^j = L_t^{lj}$，并且社会总信贷量为 $L_t = \sum_{j=1}^{J} L_t^j$。对于第 j 行业，市场均衡条件满足：

$$\frac{p_t^j}{P_t} y_t^j = \frac{p_t^j}{P_t} \left(c_t^j + \sum_{i=1}^{J} \int_0^1 x_{mi,t}^j dm + \sum_{i=1}^{J} \int_0^1 h_{mi,t}^j dm \right) \tag{9}$$

根据家庭消费的加总形式，可知居民消费价格指数 $P_t = \left[\sum_{j=1}^{J} \xi^j (p_t^j)^{1-\zeta_C} \right]^{1/(1-\zeta_C)}$，而行业消费价格满足 $p_t^j = \left[\int_0^1 (p_t^{lj})^{1-\theta} dl \right]^{1/(1-\theta)}$，社会平均实际工资水平为 $\frac{W_t}{P_t} = \left[\sum_{j=1}^{J} \left(\frac{w_t^j}{P_t} \right)^{\zeta+1} \right]^{1/(\zeta+1)}$。根据统计核算规则，可定义行业 j 名义增加值为 $Y_t^j \equiv p_t^j y_t^j - Q_t^{Hj} H_t^j$，从而可定义名义 GDP 为 $Y_t \equiv \sum_{j=1}^{J} Y_t^j$，实际 GDP 为 $Y_t^R \equiv Y_t / P_t$。

7. 模型求解

根据各部门的最优决策、外生冲击结构和市场均衡条件，我们可以求得模型的确定性稳态，然后将模型在稳态值附近对数线性化后进行求解。[①]

四、校准与估计

本附录参考既有研究和中国的实际数据，在季度频率上对参数进行赋值

[①] 完整模型求解过程如本附录附件所示。

和估计,研究区间是1996Q1至2014Q3。我们首先讨论基本参数校准,然后报告随机冲击等其他参数的估计结果,最后讨论参数和模型的稳健性。

1. 参数校准

我们将季度家庭主观贴现率 β 设为 0.99($\beta=1/R=1/1.008$),因为在本附录数据区间内中国1年期定期存款的平均年化利率约3.3%,对应季度利率约为0.8%。参考国内外的通行取法(Christiano et al.,2005;Foerster et al.,2011;侯成琪和龚六堂,2013),将季度折旧率 δ 设为0.025,对应年化资本折旧率为10%。文献中对相同行业产品替代 θ 的设定通常在5~11(Barsky et al.,2007;刘斌,2009;康立和龚六堂,2014;张勇,2015;马勇,2015),我们选择中位数8作为基准设定(对应价格加成率约为14.3%)。设家庭货币需求弹性 ε_m 和劳动替代弹性 ζ 均等于1,设不同行业产品的替代弹性 ζ_C、ζ_H 均为0.75。1996~2014年中国金融机构人民币存贷比的均值约为75%,因此设 γ_B 为0.75。

我们根据2002~2010年中国投入产出表来校准家庭消费的行业贡献强度(结构参数)ξ^j、各行业资本品占比 α^j、劳动占比 υ^j、中间品占比 γ^j、中间品投入矩阵 $\{\zeta_{ij}\}$ 和投资矩阵 $\{\kappa_{ij}\}$。国家统计局公布了42个行业的投入产出表,不过考虑到行业PPI的可获得性,我们采取了八个"行业"的归并方式,即将国民经济分为农业、工业、建筑业、交通仓储业、批发零售业、住宿餐饮业、房地产业和其他服务业。

附表1报告了中国家庭消费的行业结构。从时间趋势来看,交通仓储业、批发零售业、住宿餐饮业和其他服务业份额比较稳定,农业、工业品和房地产份额略有变动但幅度不大,只有建筑业份额出现了大幅上升①但其比重依然很小。因此,我们取这四个观测年份的均值作为家庭消费中各行业的比重。类似地,附表2报告了各行业总产出劳动回报和中间投入的比重。由于各行业的投入比重都比较稳定,我们也取这四个观测年份的均值来确定劳动产出弹性 υ^j 和中间投入品产出弹性 γ^j,资本产出弹性 α^j 通过 $1-\upsilon^j-\gamma^j$ 计算得到。

---

① 实际上,建筑业在居民消费中比重如此剧烈的变化,与1998年前后的住房制度改革,特别是取消福利分房并推进商品房市场化有很大关系,此后也应当逐步趋于稳定。

附表 1　家庭的消费结构参数 ξ^j

行业	2002 年	2005 年	2007 年	2010 年	历年平均
农业	0.148	0.110	0.087	0.064	0.102
工业	0.264	0.269	0.293	0.314	0.285
建筑业	0.000	0.000	0.007	0.006	0.003
交通仓储业	0.029	0.044	0.031	0.022	0.032
批发零售业	0.042	0.037	0.059	0.048	0.047
住宿餐饮业	0.045	0.046	0.044	0.035	0.043
房地产业	0.061	0.054	0.057	0.078	0.063
其他服务业	0.410	0.440	0.422	0.431	0.426

附表 2　企业的劳动投入参数 v^j、中间品投入参数 γ^j

行业	劳动投入					中间品投入				
	2002 年	2005 年	2007 年	2010 年	历年平均	2002 年	2005 年	2007 年	2010 年	历年平均
农业	0.466	0.553	0.556	0.556	0.533	0.418	0.415	0.414	0.415	0.416
工业	0.115	0.073	0.075	0.079	0.086	0.701	0.754	0.767	0.783	0.751
建筑业	0.139	0.130	0.118	0.148	0.134	0.766	0.746	0.769	0.739	0.755
交通仓储业	0.212	0.114	0.125	0.165	0.154	0.519	0.569	0.538	0.606	0.558
批发零售业	0.228	0.170	0.145	0.195	0.185	0.459	0.300	0.399	0.290	0.362
住宿餐饮业	0.141	0.104	0.104	0.225	0.143	0.595	0.626	0.624	0.628	0.618
房地产业	0.148	0.097	0.091	0.083	0.105	0.269	0.196	0.166	0.244	0.219
其他服务业	0.292	0.247	0.254	0.320	0.278	0.468	0.537	0.481	0.458	0.486

附表 3 为中间品投入矩阵，其中第 i 行第 j 列表示行业 j 企业使用的中间品中行业 i 产品所占的比例。从趋势来看，2002~2010 年该比例没有发生大的变化，因而我们仍以各年均值作为参数取值。从具体数值上看，各行业中间品投入占比在 21.9%~75.5%，这表明行业之间存在密切的联系，而这种行业间的互动关系正是传统的单行业模型，或是没有引入投入产出结构的多

行业模型所难以刻画的。此外，从附表3中还可以看出各行业与其他行业的关联也存在很大差异，因此投入产出结构是行业异质性的重要表现，应当受到充分重视。

附表3 中间品投入矩阵 $\{\zeta_{ij}\}$

行业	农业	工业	建筑业	交通仓储业	批发零售业	住宿餐饮业	房地产业	其他服务业
农业	0.350	0.066	0.061	0.025	0.017	0.205	0.000	0.007
工业	0.486	0.795	0.724	0.576	0.349	0.585	0.310	0.535
建筑业	0.002	0.001	0.007	0.015	0.011	0.015	0.102	0.026
交通仓储业	0.047	0.038	0.083	0.175	0.150	0.025	0.034	0.061
批发零售业	0.039	0.034	0.035	0.025	0.025	0.051	0.016	0.038
住宿餐饮业	0.005	0.008	0.010	0.023	0.063	0.018	0.064	0.076
房地产业	0.001	0.002	0.000	0.005	0.052	0.015	0.043	0.039
其他服务业	0.069	0.056	0.079	0.155	0.334	0.087	0.431	0.219

由于中国并没有统计各行业的投资流向，因而无法直接得到投资矩阵，我们参考王佳和张金水（2011）的方法来测算。根据《中国统计年鉴》，固定资产投资由建筑安装工程、设备工器具购置和其他费用构成。我们假设建筑安装工程由建筑业提供，剩下的费用全部由工业提供。通过测算2004~2013年的数据发现各行业的比例没有发生大的变化，因此我们取这10年的平均值作为参数取值（见附表4）。

附表4 投资品来自工业和建筑业的投资矩阵 $\{\kappa_{ij}\}$

行业	农业	工业	建筑业	交通仓储业	批发零售业	住宿餐饮业	房地产业	其他服务业
工业	0.373	0.504	0.264	0.285	0.290	0.259	0.282	0.281
建筑业	0.627	0.496	0.736	0.715	0.710	0.741	0.718	0.719

2. 参数估计

（1）数据说明。

本附录采用贝叶斯方法估计其余参数。模型中共有 12 个外生冲击：消费偏好冲击、投资冲击、信贷冲击、货币政策冲击和八个行业技术冲击。我们选择 12 个观测变量：实际 $GDPY_t^R$、实际消费 C_t、居民消费价格指数 π_t、贷款利率 R_t^L、货币增速 μ_t 和前七个行业的通货膨胀率 $PPI(\pi_t^j = p_t^j/p_{t-1}^j)$。考虑到 2001 年各季度的物价水平较为平稳，我们用该年为基准，根据名义 GDP 和实际 GDP 增速来测算各季度的实际 GDP。用 CPI 调整后的社会消费品零售总额来度量实际消费，用银行间同业拆借平均利率来度量 R_t^L，用 M1 增速来度量 μ_t。目前，中国只公布了工业出厂价格指数，没有公布其他行业的数据。考虑到数据的可获得性，我们采用各行业的平减指数来刻画 PPI：先测算各行业的实际增加值（方法同实际 GDP），然后用名义增加值除以实际增加值来计算行业价格水平，进而计算 PPI。结果发现估算的工业 PPI 较好地拟合了官方公布的工业出厂价格指数，表明本附录采用的对各行业 PPI 的测算方法较为合理。以上所有数据均来自中经网统计数据库。为获得各变量的周期成分，我们首先对各数据序列做季节调整，然后取对数，最后利用 HP 滤波求得其偏离稳态值的比率。

（2）先验分布。

我们参考国内外的相关研究来确定待估参数的先验分布。参考 Zhang (2009)，设 ρ_π 服从均值为 1、标准差为 0.2 的正态分布；ρ_Y 服从均值为 0.5、标准差为 0.2 的 Gamma 分布。参考 Christoffel 等（2008）、侯成琪和龚六堂（2013、2014），设 χ 服从均值为 4、标准差为 4 的 Gamma 分布。由于目前多数 DSGE 文献都是采用的 Calvo (1983) 的黏性价格设定，而直接估计 Rotemberg 类型的价格黏性参数 ϕ^j 的文献相对缺少，本附录参考既有 Calvo 类型的参数设定来取值：既有 Calvo 类型价格黏性的先验均值通常设为 0.375~0.8，我们取为 0.5，则对应的 Rotemberg 类型的价格黏性参数 ϕ^j 的先验均值约为 13.86，并设先验标准差为 10，取较大的标准差以保证先验分布尽量覆盖较大的范围，从而保证能够涵盖数据中的信息。由于价格黏性参数 ϕ^j 应当大于 0，我们设其服从 Gamma 分布。参考鄢莉莉（2012）的研究，设金融中介顺周期操作参数 τ_B 服从均值为 1、标准差为 0.2 的 Gamma 分布。

参考刘斌（2008）、Christiano 等（2014），设外生冲击（含货币政策持续性参数 ρ_μ）的持续性服从 Beta（0.5，0.2），波动的标准差服从均值为 0.01、标准差为 0.1 的逆 Gamma 分布。

(3) 参数估计结果。

参数估计结果如附表 5 所示。从中可见，估计得到的投资调整成本参数 χ 约为 28.105，高于 Bouakez 等（2009）的估计（17.13），表明中国投资的相对调整成本总体上大于美国。货币政策对通货膨胀和产出缺口的反应系数（ρ_π 和 ρ_Y）分别是 1.298 和 0.180。货币政策的持续性 ρ_μ 为 0.399，表明中国货币供应量调整具有一定的持续性；金融中介顺周期操作参数 τ_B 的后验均值上升到 1.374，表明顺周期操作特征较为明显。

附表 5 参数的贝叶斯估计结果

平均调整周期（月）	对应 Calvo 价格黏性参数均值	参数	均值	标准差	参数	均值	标准差	参数	均值	标准差
		χ	28.105	4.515	ρ_{η_C}	0.606	0.090	σ_{η_C}	0.017	0.001
		ρ_π	1.298	0.137	ρ_τ	0.557	0.085	σ_τ	0.046	0.006
		ρ_Y	0.180	0.047	$\rho_{\varepsilon B}$	0.822	0.061	$\sigma_{\varepsilon B}$	0.291	0.023
4.97	0.397	ϕ^1	7.586	3.302	ρ_{z1}	0.286	0.125	σ_{z1}	0.072	0.017
4.88	0.385	ϕ^2	7.087	1.689	ρ_{z2}	0.425	0.094	σ_{z2}	0.120	0.017
3.26	0.079	ϕ^3	0.651	0.476	ρ_{z3}	0.497	0.098	σ_{z3}	0.339	0.038
5.95	0.496	ϕ^4	13.531	3.916	ρ_{z4}	0.229	0.151	σ_{z4}	0.281	0.051
4.16	0.278	ϕ^5	3.722	1.367	ρ_{z5}	0.346	0.112	σ_{z5}	0.378	0.050
3.60	0.166	ϕ^6	1.665	0.854	ρ_{z6}	0.157	0.094	σ_{z6}	0.265	0.036
4.64	0.354	ϕ^7	5.903	3.823	ρ_{z7}	0.507	0.122	σ_{z7}	0.398	0.075
4.71	0.362	ϕ^8	6.208	2.561	ρ_{z8}	0.312	0.112	σ_{z8}	0.096	0.018
		ρ_μ	0.399	0.103	σ_μ	0.018	0.001	τ_B	1.374	0.559

就各行业的价格黏性 ϕ^j 而言，尽管各行业先验分布相同，但是估计得到的后验均值存在明显差异，并且后验标准差明显减小，表明后验均值较好地包含了数据的信息。根据价格黏性从低到高排序：①建筑业和住宿餐饮业

的价格黏性程度最低，平均不到 4 个月调整一次价格。②批发零售业的价格黏性程度也很低，平均 4.16 个月调整一次。③农业、工业、房地产业和其他服务业平均 4.64~4.97 个月调整一次价格。④交通仓储业的价格黏性最高，平均约 5.95 个月调整一次价格。需要强调的是，农业产品价格不等同于食品价格，这是因为居民消费的食品很多是加工后的食品和向零售商购买的产品，而不是直接从农业部门购买的产品；因此食品价格更多受批发、零售价格的影响。与农业相比，我们估计得到的批发零售业 Calvo 价格黏性程度为 0.278，非常接近侯成琪和龚六堂（2014）对食品价格黏性的估计（0.27）。实际上，居民食品消费价格指数与食品零售价格指数非常接近，月度环比增速的差异不超过 0.5%，而与农产品生产价格指数差异很大，这也表明食品价格与农业产品价格存在很大差异，需要区别对待。

在所有的外生冲击中，信贷冲击的持续性 ρ_{eB} 最高，为 0.822，表明金融中介的信贷活动具有较高的前后一致性；投资冲击 ρ_{τ} 和消费偏好冲击 $\rho_{\eta C}$ 的持续性也较高，约为 0.6；大多数行业技术冲击的持续性均低于 0.5，其中持续性较大的是房地产业和建筑业，约为 0.5，工业技术冲击的持续性为 0.425，批发零售业为 0.346，农业和其他服务业约为 0.3，交通仓储业为 0.229，住宿餐饮业技术冲击持续性最低，为 0.157。持续性越低，通常意味着该冲击对经济影响的持续性也越低。从数值模拟结果来看，住宿餐饮业技术冲击对总产出和总消费的影响持续性确实最低（见附图 1a 和附图 1b），不过其他行业冲击对经济影响持续性的排序与冲击自身持续性的排序不尽相同。这是因为在本附录模型中，各冲击对经济影响的持续性不仅受冲击自身持续性的影响，还受到经济结构和产业结构的影响。

为从总体上判断参数估计的可靠性，我们对比了所有观测变量的二阶矩和各行业增加值占 GDP 比重的模拟值与实际值，结果表明所有变量的模拟值与实际值均比较接近，如附表 6 和附表 7 所示。因此，结合下文的稳健性分析结果，我们认为本附录的参数估计结果比较可靠，模型能够较好地模拟中国现实经济，可以作为分析各种冲击效应的工具。

附表6 实际值与模拟值的标准差比较

	Y_t^R	C_t	π_t	R_t^L	μ_t	π_t^1	π_t^2
模拟值	0.0229	0.0239	0.0165	0.0065	0.0208	0.0272	0.0153
实际值	0.0118	0.0187	0.0073	0.0070	0.0164	0.0267	0.0136
	π_t^3	π_t^4	π_t^5	π_t^6	π_t^7	π_t^8	
模拟值	0.0488	0.0237	0.0740	0.0416	0.0452	0.0226	
实际值	0.0520	0.0197	0.0740	0.0418	0.0412	0.0238	

附表7 行业增加值占GDP比重（历年均值）的实际值与模拟值比较

单位：%

	农业	工业	建筑业	交通仓储业	批发零售业	住宿餐饮业	房地产业	其他服务业
模拟值	9.21	48.41	5.95	4.40	4.27	2.38	2.81	22.58
实际值	11.73	42.21	5.74	5.52	7.25	2.18	4.79	20.58

3. 稳健性分析

为考察参数估计的稳健性，我们进行了以下六个方面的检验，结果表明本附录估计是稳健的。[①]

（1）不同投资矩阵设定：关于中国的投资矩阵，很少有学者进行专门的研究，而且也没有较公认的研究结论。为检验模型估计结果的稳健性，我们参考美国的数据对上述投资矩阵做校准，假设其他参数的校准和先验分布不变，再次采用贝叶斯方法进行估计。在Bouakez等（2009）的美国六行业（农业、采矿业、建筑业、耐用品业、非耐用品业、服务业）投资矩阵中，投资品99%以上由建筑业、耐用品业和服务业提供，其中服务业产品占10%~24%（除了在采矿业中的比重较低，为4.7%）。因此，我们仍然假设建筑安装工程由建筑业提供，但设备工器具购置由工业提供，其他费用由其他服务业提供，从而得到新的投资矩阵。

（2）不同货币量指标：中国从1996年开始将货币供应量作为货币政策

---

① 结果备索。

的中介目标,从 1998 年开始每年公布 M1、M2 的总量调整目标,但 2007 年以后只提 M2 的总量调控目标。不过耿中元和惠晓峰(2009)等经研究认为,M1 与货币政策最终目标的相关性优于 M2,更适合作为货币政策中介目标,因此本附录选择 M1 增速来度量货币增速 μ_t。作为稳健性分析,我们采用 M2 增速来度量 μ_t,再次进行贝叶斯估计。

(3)不同货币政策规则:前面我们假设货币政策采用数量规则。为分析不同设定的影响,我们在泰勒(利率)规则货币政策设定下再次估计模型。具体来说,我们参考袁申国等(2011)的研究,设货币政策为如式(10)形式:

$$\hat{R}_t = \rho_\mu \hat{R}_{t-1} + \rho_\pi \hat{\pi}_t + \rho_Y \hat{Y}_t^R + \rho_M \hat{\mu}_t + \varepsilon_t^\mu \qquad (10)$$

式中,ρ_π、ρ_Y、ρ_M 的先验分布分别被设定为 Gamma(1.5,0.2)、Gamma(0.5,0.2)、Gamma(0.7,0.2)。

(4)直接估计 Calvo 参数:不直接估计 Rotemberg 类型的价格黏性参数 ϕ^j,而选择直接估计 Calvo 类型的价格黏性参数,并设其服从均值为 0.5、标准差为 0.2 的 Beta 分布。

(5)不同贷款利率的原始数据:选择 1 年期贷款利率作为贷款利率的原始数据再次进行参数估计。

(6)不同替代弹性参数取值:既有文献关于 θ 的设定位于 5~11,我们也分别取 5、6、7、9、10、11 重新做了估计。

五、外生冲击效应分析

本附录模型包括了 8 个行业技术冲击和 4 个宏观总量冲击。由于经济中各行业之间的紧密联系,外生冲击将通过多种渠道影响经济,影响大小又会受到多种因素的影响。不过受制于模型的复杂性,我们无法求得模型的解析解,只能采用数值模拟来研究外生冲击的影响大小,并结合模型设定来分析外生冲击的传导机制。作为一个多行业模型,本附录最为关注的是,行业技术冲击对宏观和行业经济的影响。此外,由于通常观点认为中国政府不仅直接操作货币政策而且对信贷总量有较强的影响力,所以我们还将重点分析货币政策及信贷冲击的影响。

1. 行业技术冲击对行业经济和宏观经济的影响

附图 1a 和附图 1b 显示了单位正向行业技术冲击（即行业技术水平提高 1%）对各行业产出的影响①。从附图 1a 可见，除工业冲击和其他服务业冲击外，其他行业冲击使本行业产出上升幅度远大于其他行业，反映出行业冲击首先并主要影响自身。从传导路径上看，行业技术冲击首先会直接影响本行业的生产，然后通过产业链的传递影响上、下游企业，最终影响整个经济系统。从各行业对来自其他行业冲击的反应来看，反应速度和幅度都有很大差别，这正是各行业投入产出关系的重要体现。

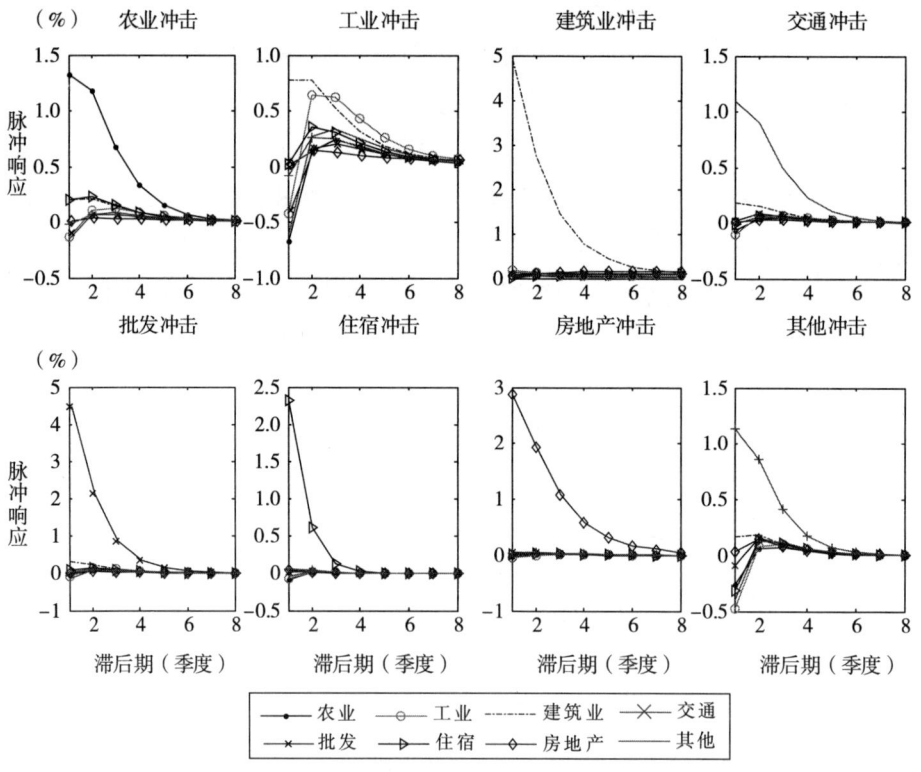

附图 1a 单位正向行业技术冲击对行业产出的影响（完整图形）

---

① 其中，附图 1a 刻画全部行业的反应，但大部分情形中自身反应比较突出，为此附图 1b 截取了相对较窄的纵轴区间以更清楚地观察其他行业的反应。

另外，大部分行业通过来自其他行业的反应出现了超调现象（附图1b），即先下降而后上升再慢慢恢复到稳态水平。理论上讲，行业技术冲击的影响可以分解成两个正反方向的作用：一是替代效应，即特定行业的正向技术冲击将使得该行业产品价格下降，从而在消费品、中间品和投资品的需求市场上对其他产品造成挤出效应；二是收入效应，即特定行业的正向技术冲击使得家庭实际收入上升，从而增加了对其他行业产品的消费需求，进而也刺激了企业对来自其他行业的生产要素需求。长期来看，收入效应将发挥主导作用，即任何一个行业的正向技术冲击，最终也会对其他行业产生正向的溢出效应，使各行业之间出现协动性特点，这与 Long 和 Plosser（1983）的研究一致。但在短期内，替代效应的作用可能大于收入效应，同时各行业在投入产出中的不同地位也使短期内单个行业的技术冲击对其他行业产出的影响存在明显差异。

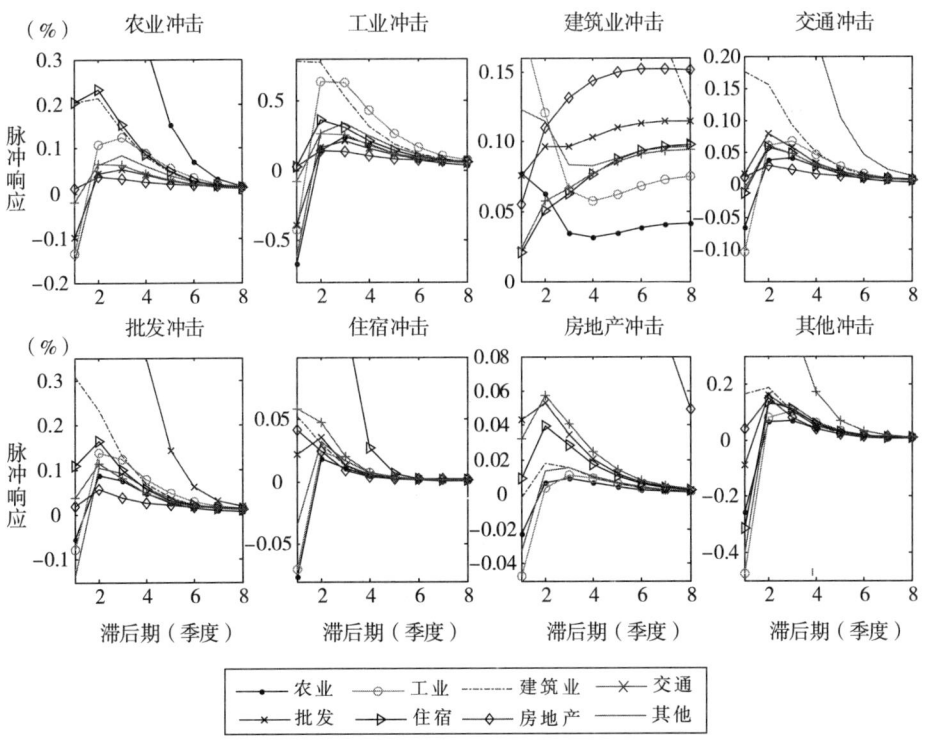

附图1b　单位正向行业技术冲击对行业产出的影响（除自身外其他行业部分）

附图2显示了不同行业单位正向技术冲击对宏观经济的影响。从中可见，各行业冲击作用方向基本相同①，初期导致GDP和消费上升，CPI下降，但在逆周期货币政策操作下后期CPI会上升再逐步回落。从作用大小来看，GDP占比相对较高的工业、其他服务业和农业的技术冲击对宏观经济的影响相对较大；从收敛速度来看，在投资矩阵中发挥主要作用的工业和建筑业的技术冲击的收敛速度要慢于其他行业，表明这两个行业的技术冲击通过投入产出关系的层层传导，逐步释放其影响。

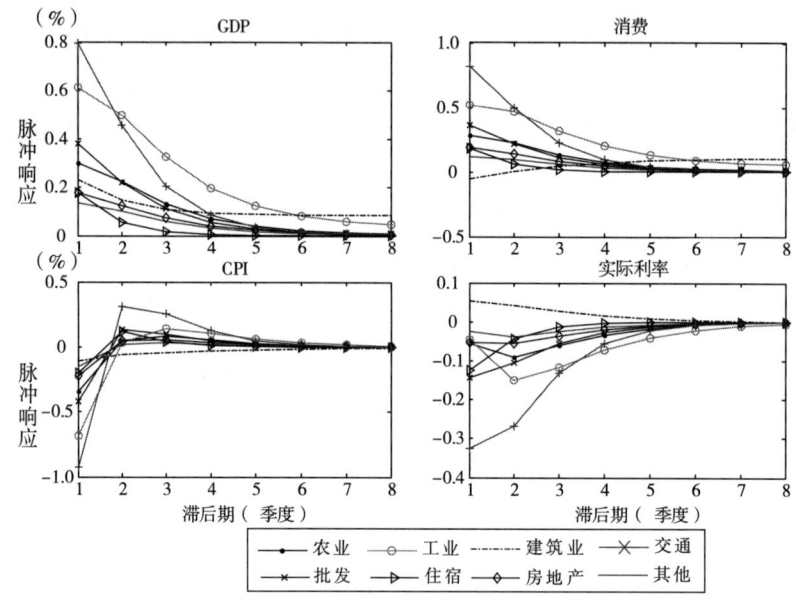

附图2　单位正向行业技术冲击对宏观经济的影响

综上可见，投入产出结构是影响外生冲击行业效应的重要因素。当然，各行业要素密集度和价格黏性的差异同样会影响外生冲击的行业效应：要素密集度的差异会带来外生冲击对要素价格的差异性影响，进而影响到各行业的生产；而行业的价格黏性会影响外生冲击对行业价格的影响大小与收敛速度，进而影响各行业产出。对此，我们将在下文中做更详细的模型对比分析，这里不再赘述。

---

① 只有一个例外，建筑业技术冲击导致了初期居民消费的微弱下降。我们认为，这主要是建筑业技术冲击对投资影响更大，从而在初期挤出了居民消费。

2. 货币政策冲击对行业和宏观经济的影响

附图 3a 和附图 3b 分别给出了宏观经济和行业经济对货币供应量增速暂时性上升1%的脉冲响应，其结果印证了货币政策通过供给和需求两个渠道同时产生影响：在供给渠道方面，扩张性货币政策使利率下降，降低了企业的融资成本，从而刺激产出增加；在需求渠道方面，扩张性货币政策使人们财富增加，从而刺激了消费和投资。各行业的反应受制于多种因素的影响，其中价格黏性、劳动密集度将直接影响供给渠道的大小，消费结构差异则直接影响需求渠道的大小。同时在政策传导过程中，投入产出结构又会发挥重要作用。在这些因素的综合作用下，货币政策对不同行业的影响存在很大的差异。

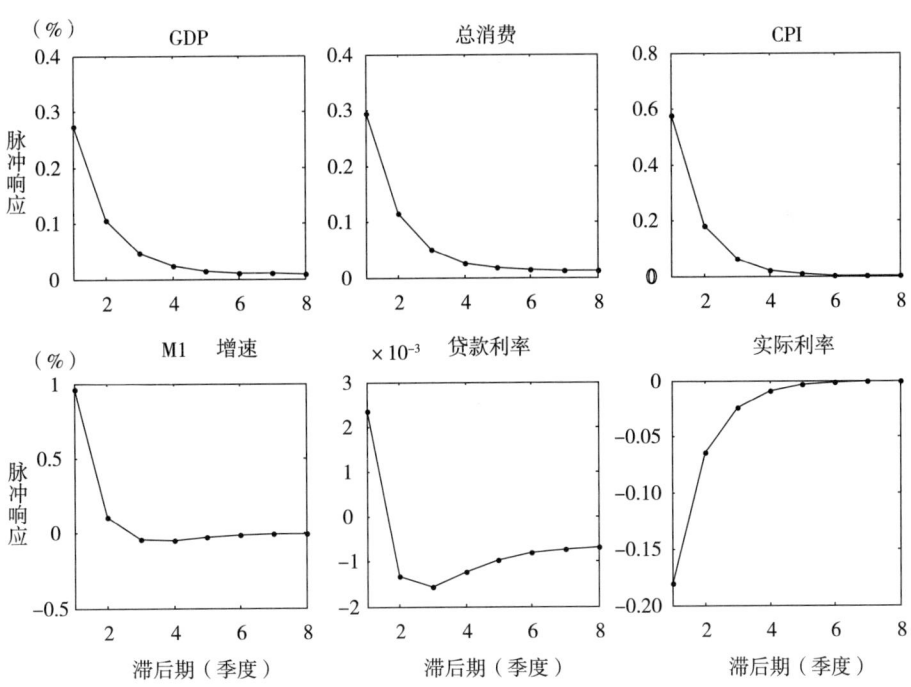

附图 3a　宏观经济对单位扩张性货币政策冲击的脉冲响应

首先，从对行业增加值的影响来看，扩张性货币政策使 GDP 和各行业增加值上升。其中行业增加值与产出、价格的排序存在很大差异，这是因为行业增加值还受到中间品投入的影响。如农业的价格和产出涨幅均略低于交

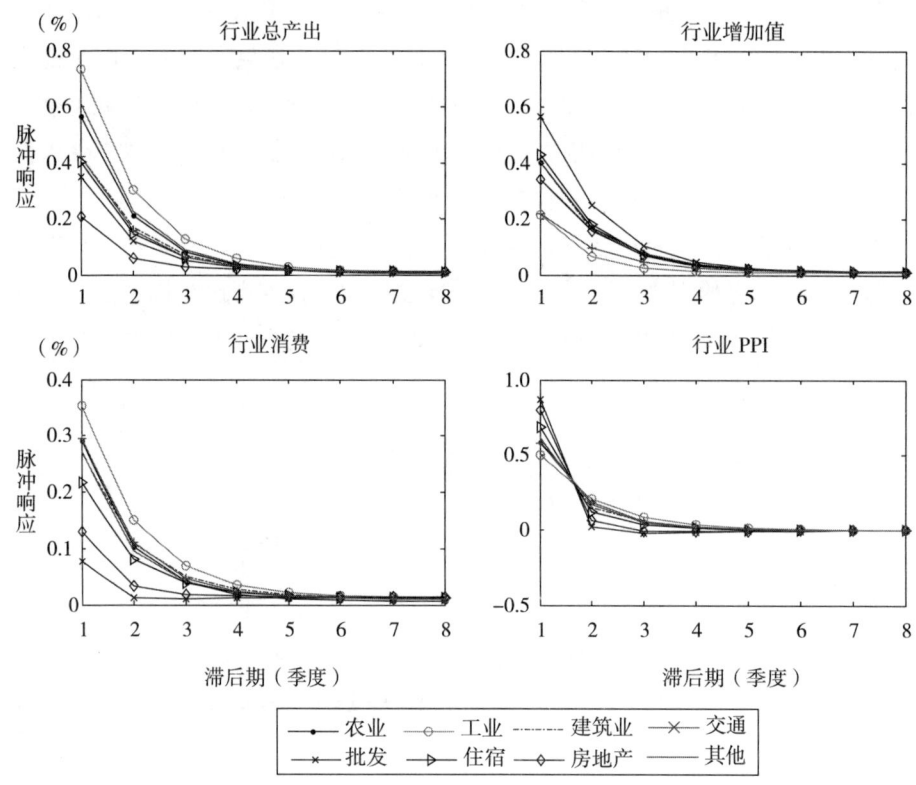

附图3b　行业经济对单位扩张性货币政策冲击的脉冲响应

通仓储业，不过由于生产中农业使用的中间品比重较低（见附表2），最终农业增加值涨幅反而高于后者。需要强调的是，这里行业增加值增幅的排序并不代表它们对GDP贡献率的排序，贡献率的排序仍然与各行业增加值的相对规模基本一致（见附表7）。

其次，我们可以看对产出的影响，扩张性货币政策使各行业产出上升，其增幅主要受价格的影响，价格涨幅越大，则产出增幅越小。但与行业消费不同，行业产出增幅排序与价格排序并非完全负相关。这是因为各行业产品的需求由家庭消费、中间品和投资品构成，而后两种需求与投入产出结构有着密切的联系，最终使加总后的总需求与相对价格之间不存在一一对应的反向关系。

再次，从对消费的影响来看，扩张性货币政策使实际利率下降，家庭总消费上升，但对各行业产品需求的涨幅存在差异。这主要受产品相对价格的影响，价格涨幅越小，则消费涨幅越大，因而附表8中行业产品消费增幅排序恰好与价格的排序相反。

附表8 价格黏性、劳动密集度及脉冲响应的行业排序（从大到小）

行业	价格黏性	劳动密集度	货币政策冲击				信贷冲击			
			价格涨幅	消费涨幅	产出涨幅	增加值涨幅	价格涨幅	消费涨幅	产出涨幅	增加值涨幅
农业	2	1	6	3	3	3	1	8	2	6
工业	3	8	8	1	1	8	7	2	8	3
建筑业	8	5	4	5	4	4	5	4	1	1
交通仓储业	1	4	5	4	2	5	6	3	7	5
批发零售业	6	6	1	8	7	1	2	7	6	8
住宿餐饮业	7	3	3	6	6	2	3	6	4	7
房地产业	5	7	2	7	8	6	8	1	5	4
其他服务业	4	2	7	2	5	7	4	5	3	2

最后，对价格的影响，扩张性货币政策使CPI和各行业的PPI上升，但增幅不同，各行业相对价格的变动出现明显差异。由于扩张性货币政策使利率下降，因而企业劳动密集度越大，则预付工资的融资成本下降幅度越大，会抵消价格的上升，而价格黏性越高，则企业上调价格的幅度越小，从而产品价格涨幅越低。附表8给出了货币政策冲击与信贷冲击初期对价格、产出、增加值和消费的脉冲响应增幅的排序。结果基本遵循了上述规律，但也会出现偏差，如交通仓储业的价格黏性、劳动密集度均高于工业，而价格涨幅却高于工业。这表明除了这两个因素，投入产出结构因素也在发挥作用：由附表3和附表4可知，工业企业使用的中间品和投资品主要由价格黏性较高的工业品构成，而交通仓储业较多地使用了价格黏性较低、价格涨幅较高的建筑业产品，最终使后者的价格涨幅反而高于前者。

3. 信贷冲击对宏观经济和行业经济的影响

附图 4a 和附图 4b 分别给出了当信贷冲击上升 1%（存贷比约上升 0.3%）时，宏观经济和行业经济的脉冲响应。总体上看，信贷冲击直接影响企业融资成本（与企业的劳动密集度密切相关），而在后续传导中，价格黏性和投入产出关系又将影响最终的行业效应。下面同样重点分析信贷冲击对价格、消费、产出和行业增加值的影响。

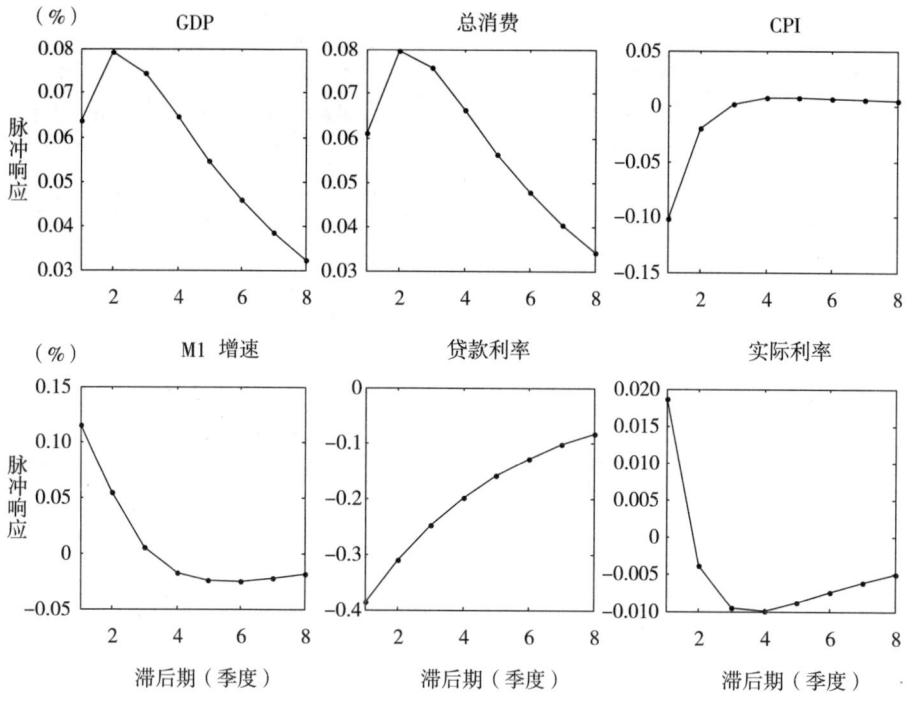

附图 4a　宏观经济对单位扩张性信贷冲击的脉冲响应

首先，从对行业增加值的影响来看，正向信贷冲击使 GDP 和各行业增加值上升。由于价格变动排序与产出基本一致且方向相反，再加上各行业投入产出结构的差异，最终行业增加值涨幅的排序与其他变量排序存在明显差异。受家庭需求山峰形变化的影响，行业产出和增加值的变化也具有山峰形特征。

其次，我们看对产出的影响，由于存在价格黏性，成本的下降并不会完全反映到价格上，因而各行业产出的上升涨幅与价格黏性总体呈现反向关系。此外，要素密集度、投入产出结构也会产生影响。

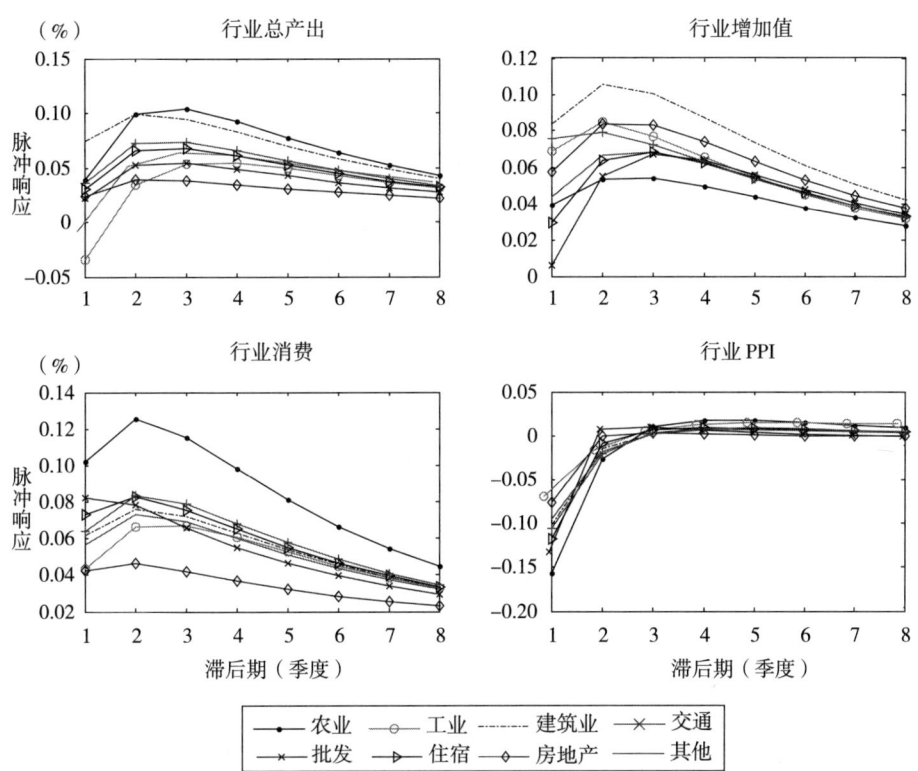

附图 4b　行业经济对单位扩张性信贷冲击的脉冲响应

再次,就对消费的影响而言,CPI 的下降使家庭消费上升,不过第 1 期由于 CPI 下降幅度较大,实际利率反而略有上升,部分地抵消了总消费上升的幅度;后期随着 CPI 的回升,实际利率下降,到第 2 期时总消费上升幅度达到最大,随后逐步回落。各行业产品消费需求上升的排序恰好与价格的排序相反,在此不再赘述。

最后,对价格的影响,扩张性的信贷冲击使贷款利率下降,企业融资成本下降,从而使产品价格下降、CPI 下降,但各行业 PPI 降幅存在明显差异。企业劳动密集度越大、价格黏性越低,则价格下降幅度越大。当然,投入产出结构也影响着行业效应。不过从附表 8 来看,价格降幅的排序与劳动密集度的排序总体一致,表明此时要素密集度的影响变大,成为最主要的影响因素。价格黏性的影响也较为明显,如批发零售业的劳动密集度仅排第 6 位,不过由于其价格黏性较低,最终价格降幅排第 2 位。

六、模型机制分析

在本附录模型中，无论是行业冲击还是总量冲击对行业经济的影响都存在明显差异，而且行业经济变动幅度的排序与价格黏性、消费需求、要素密集度的排序均不完全一致（见附表8）。这表明各行业的投入产出结构使经济波动的机制变得更为复杂，而且价格黏性、消费需求、要素密集度等行业特征中的任何一个单一因素都不能单独决定外生冲击效应的行业差异。由此，我们需要进一步回答以下问题：这些因素如何影响外生冲击的行业和宏观经济效应？如果去掉其中某些机制会对分析结果产生什么样的影响？如果全部去掉这些行业差异性，退化到单行业模型，分析结果又会有什么变化？本部分将采用模型对比的方法来研究这些问题。

1. 比较思路

就传导机制而言，由于引入了投入产出结构，外生的宏观总量冲击对行业经济的影响可以分为总量传导和行业间传导两个渠道。传统单行业模型或行业对称模型只刻画了总量渠道，忽略了行业传导渠道的作用；国内现有的少量多行业模型也只区分了消费结构和价格黏性的差异，但忽略了其他生产结构的差异，因而难以全面刻画行业渠道。与此同时，由于引入了行业异质性，使本附录模型的传导机制比传统单行业模型或对称行业模型更为复杂。实际上，总量渠道与行业渠道的作用大小与各行业价格黏性、家庭消费结构、投入产出结构以及要素密集度有着重要的关系。其中，价格黏性与要素密集度的差异会直接影响产品相对价格的变化速度和幅度，进而影响到产品在消费品、中间品和投资品市场上的需求，对两个渠道都会产生重要影响。而投入产出结构的差异会对两个渠道的相对大小产生影响：如果有些行业的产品主要用于消费，并且生产中很少用到来自其他行业的中间品和投资品，那么这些行业外生冲击总量渠道的影响将比较明显。而有些行业的产品广泛地用于其他行业的中间品和投资品，则其行业渠道的作用就会很大。不过，从中国经济实际的投入产出结构（见附表3和附表4）来看，所有行业都与其他行业有着密切的联系，因而行业渠道始终发挥着重要的作用。

由于行业技术冲击的影响受到行业结构和宏观经济设定的多方面影响，

因此影响渠道比较复杂；相比之下，通过对比宏观总量冲击（货币政策和信贷冲击）的影响来分析模型机制更为方便。具体地，我们将构建五类共六个对照模型与本附录模型（基准模型）作比较分析。

①多行业的影响：假设模型中生产部门只有一个行业，其生产函数中各要素的投入份额根据投入产出表中所有行业的生产者报酬、中间投入来校准，最后测算得到 2002~2010 年劳动收入份额均值为 $\upsilon=0.15477$，中间品投入份额均值为 $\gamma=0.6558$，从而资本品投入份额为 $\alpha=0.1894$；价格黏性 ϕ 则取当 GDP 与 CPI 对货币政策冲击及信贷冲击的脉冲响应最接近基准模型时，最后模拟得到的值为 2.5385。我们将此记为"单行业"模型。②消费结构差异的影响：在基准模型基础上，设对称的消费结构（即设 $\xi^j=1/8$），记作"对称消费"模型。③价格黏性差异的影响：在基准模型基础上，第一个模型设各行业的价格黏性均为 2.5385，记作"对称黏性"模型；第二个模型设各行业价格黏性均为 0，价格灵活调整，即多行业 RBC 模型。④投入产出结构差异的影响：在基准模型基础上，设对称的投入产出结构（即设各行业产品在中间品投入矩阵、投资矩阵中的比重均为 1/8），记作"对称 IO"模型。⑤要素密集度差异的影响：在基准模型基础上，设对称的要素密集度（劳动、资本和中间品投入份额均为 1/3），记作"对称要素"模型。

2. 宏观经济效应的比较结果

由于 RBC 模型去掉了黏性价格因素而无法分析货币政策冲击的影响，因此对比货币政策冲击时只能比较存在价格黏性的模型。附图 5 报告了对比结果。从中可以发现，无论使用哪种模型，扩张性货币政策都使 GDP、CPI 和消费上升，但不同模型中这些宏观经济变量的变化幅度、收敛速度均存在差异，其中两个模型与其他模型的差异较大。首先，引入价格黏性有助于平滑信贷冲击对 GDP、CPI 的影响，使其产生山峰形变动；如果去掉价格黏性，即在 RBC 框架下，那么 GDP、CPI 的山峰形变动特征将会消失。其次，与单行业模型相比，引入多行业机制有助于平滑外生冲击对 GDP、CPI 的影响，但同时也会放大对消费的影响。在所有多行业模型中，对称消费模型总体上更接近基准模型，表明企业生产结构上的差异（即价格黏性、投入产出结构、要素密集度的差异）对外生冲击宏观经济效应的影响比消费需求差异更大，而这些因素恰恰是既有文献很少关注的特征。

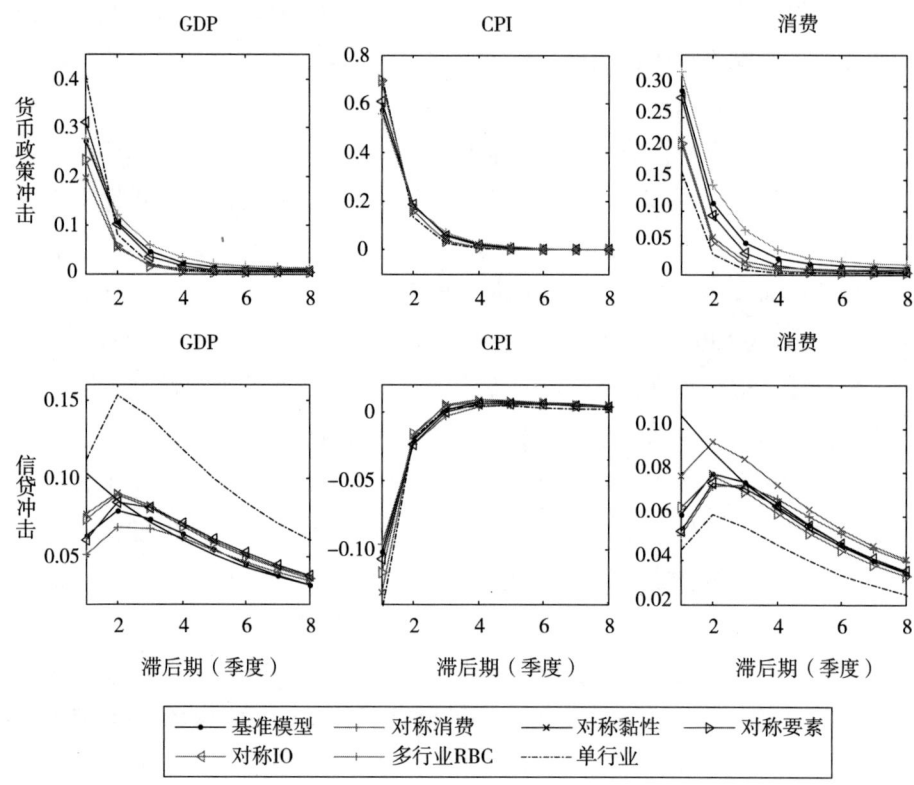

附图 5　不同模型宏观经济的脉冲响应对比

总体上来看，单行业 DSGE 模型对宏观经济的刻画与多行业 DSGE 模型基本一致。一方面，这表明本附录的多行业模型很好地保留了传统单行业模型的总量性质，或者说投入产出结构和行业异质性的引入没有导致模型的偏误。另一方面，这也说明如果仅仅关注宏观总量问题，那么使用传统的单行业模型将提供很大的便利而不会丧失过多的信息。

3. 行业经济效应的比较结果

附图 6 和附图 7 分别提供了货币政策冲击和信贷冲击对行业经济的影响对比。从中可见，正向的货币政策冲击和信贷冲击基本都使各行业产出上升、增加值上升，同时各行业相对价格发生变化，但变化幅度和收敛速度存在差异。因此，忽略不同类型的行业间差异性，会对模拟结果产生不同的影响。

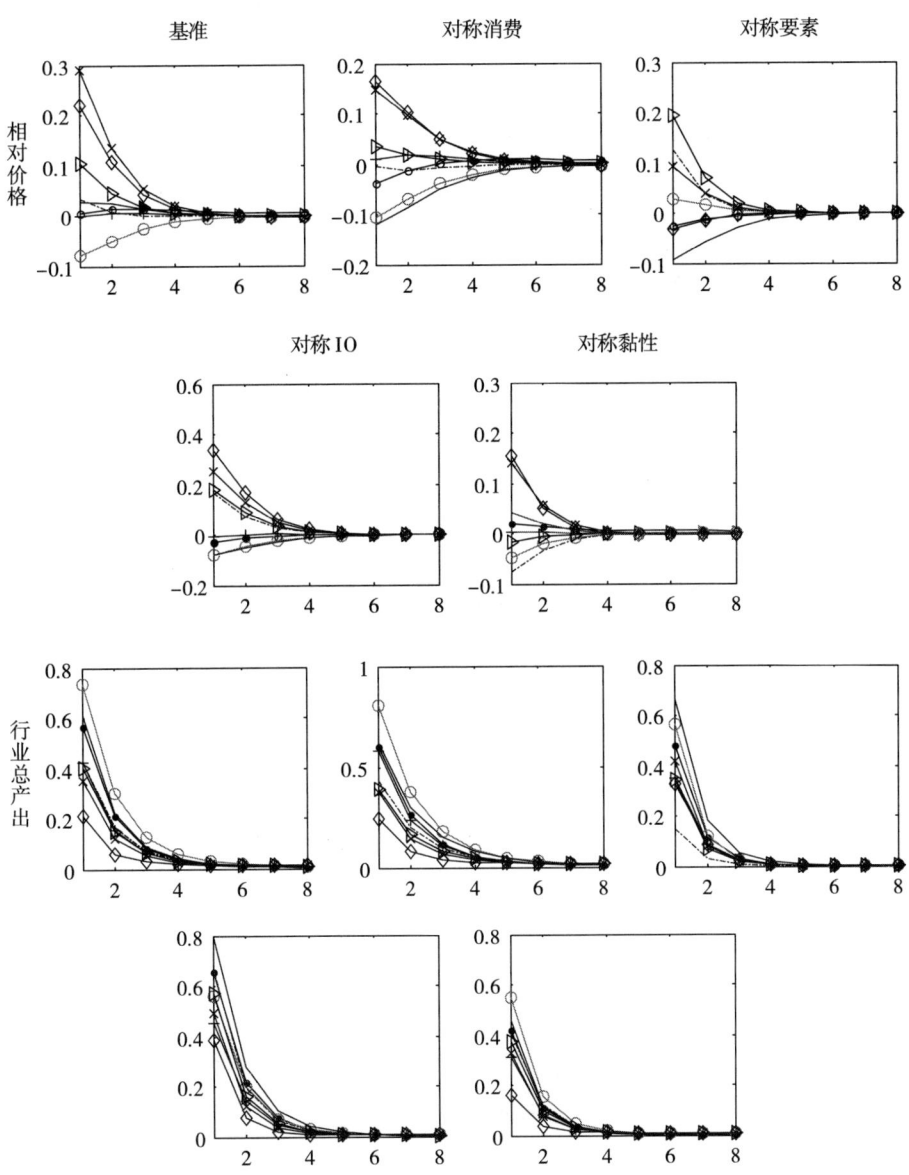

附图6 不同模型货币政策效应的行业差异对比

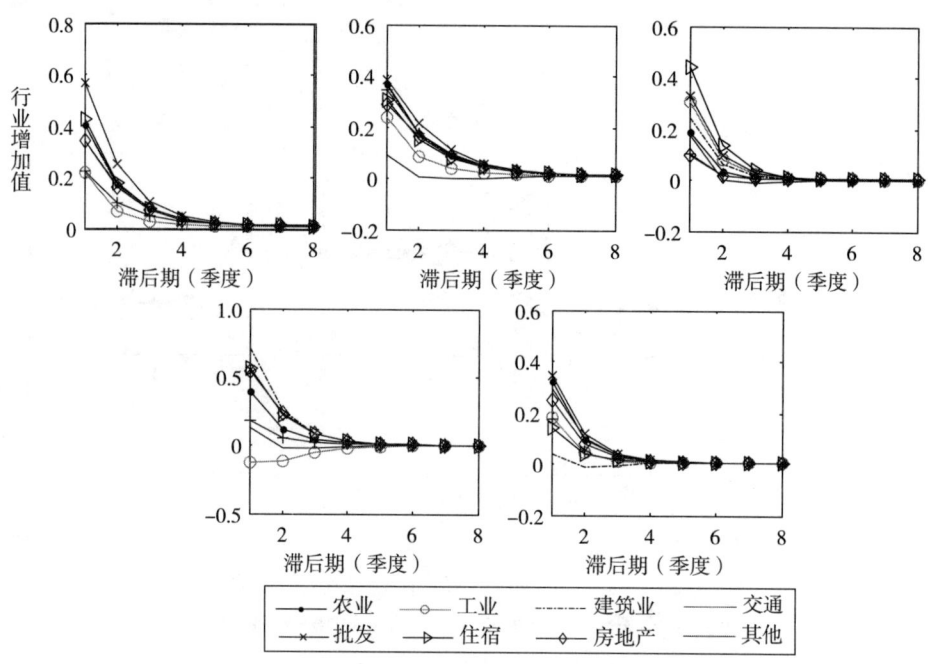

附图6 不同模型货币政策效应的行业差异对比（续）

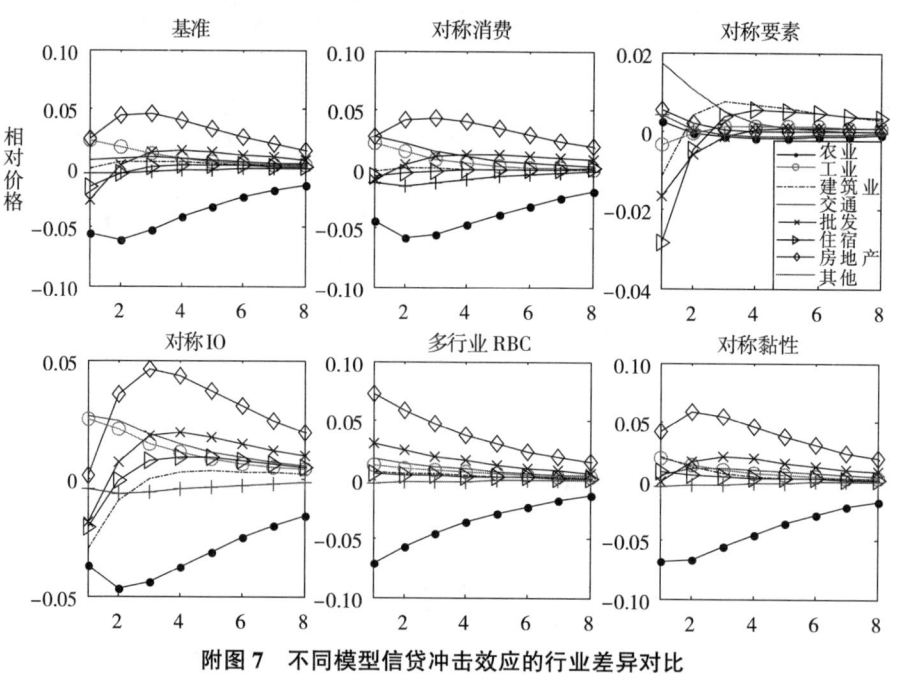

附图7 不同模型信贷冲击效应的行业差异对比

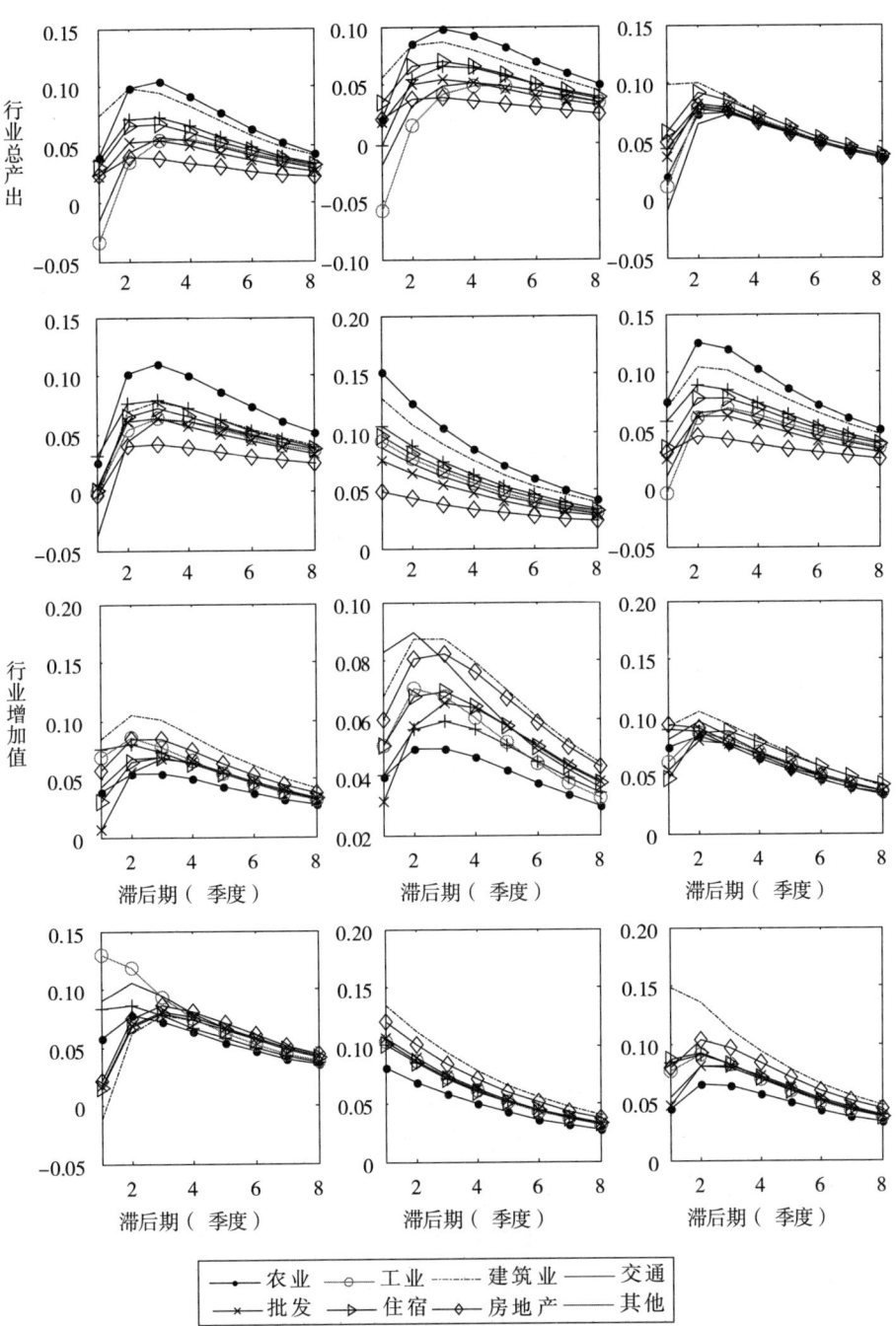

附图7 不同模型信贷冲击效应的行业差异对比（续）

首先，对于消费需求差异，去掉该差异对模拟结果的影响最小。它主要影响各行业相对价格、产出、增加值的具体变化幅度，但基本不影响变化幅度的排序。这是因为消费需求占各行业产品总需求的比例比较低。根据中国2002~2010年的投入产出表，在所有42个行业中，除了教育、文化、体育和娱乐业等若干个行业外，大多数行业的消费需求占产出的比重不超过1/3。其次，对于价格黏性差异，如果设各行业价格黏性均为2.5385，则会对货币政策冲击行业效应的大小及排序造成较大的影响，而对信贷冲击效应的影响较小。而如果设各行业的价格黏性为0，则会使信贷冲击造成的各行业产出和增加值山峰形变化的特征消失，但基本不影响各行业经济变化幅度排序。由于货币政策冲击同时影响家庭需求和企业的融资成本，即同时通过需求渠道和供给渠道影响经济；而信贷冲击主要通过改变企业融资成本来影响经济，即主要通过供给渠道发挥作用，因此上述分析表明，价格黏性变化对需求渠道的影响大于对供给渠道的影响。最后，对于要素密集度差异和投入产出结构差异，减去其中的任何一个差异，都会对货币政策冲击和信贷冲击的行业效应大小及排序造成明显的影响，表明这两个因素对于分析行业经济都非常重要。

综上分析可见，在运用多行业模型做行业分析时，除了传统模型所关注的价格黏性差异外，也不能忽略投入产出结构特征和行业要素密集度差异，忽略其中任何一个因素都可能会对分析结果产生重要的影响。

七、结论

本附录建立了一个包含企业、家庭、金融中介和政府四个部门，以及农业、工业、建筑业、交通仓储业、批发零售业、住宿餐饮业、房地产业和其他服务业八个行业，并且同时具有投入产出结构和新凯恩斯主义特征的DSGE模型。我们运用中国1996~2014年数据估计了各行业的价格黏性，分析了货币政策、信贷冲击对宏观经济、行业经济的差异性影响，并对比研究了需求结构、价格黏性、投入产出结构和要素密集度差异就外生冲击对宏观和行业经济影响的作用。本附录主要研究结论如下：

首先，就对总量冲击的总体反应来看，本附录构建的多行业DSGE模型较好地保留了传统单行业模型的总量性质，但多行业模型中货币政策冲击、信贷冲击对 GDP、CPI 的影响相对较平滑，对消费的影响较大。

其次，中国不同行业的价格黏性存在明显差异，其中交通仓储业的价格黏性最高，约 6 个月调整一次；建筑业的价格黏性最低，平均 3.26 个月就会调整一次；居于中间的从大到小依次是农业、工业、其他服务业、房地产业、批发零售业和住宿餐饮业。

再次，行业技术冲击除了直接影响本行业的生产，还会通过产业链传递影响其他行业，短期内对其他行业产出的影响存在明显的差异，这主要与各行业在产业链中的上、下游关系有关。但冲击后期对其他行业产出都会有同向的溢出效应，各行业之间出现协动性，最终也会使社会总产出同向变化。

最后，货币政策冲击、信贷冲击通过传统的总量传递渠道以及产业结构渠道对各行业经济产生明显差异性的影响。影响大小不仅与各行业的价格黏性有关，而且与各行业的要素密集度、投入产出结构都有着密切的关系。从数值模拟结果来看，这三个因素对于外生冲击的行业经济效应的影响都很大，忽略任何一个因素都可能使行业波动分析出现较大偏差。

本附录的分析表明，同时包含新凯恩斯主义特征和投入产出结构的多行业 DSGE 模型不仅可以很好地模拟外生冲击对宏观经济总量的影响，而且可以充分地描绘外生冲击对行业经济的差异性影响。由于目前包括美联储、欧洲央行、中国人民银行在内的越来越多的货币当局开始运用 DSGE 模型为政策分析提供参考，这就意味着在运用该类模型分析宏观经济问题，特别是做行业分析和政策分析时，我们必须要对经济中的生产结构、行业关联和行业差异进行充分、细致的考虑。特别地，对投入产出结构和行业差异在周期波动中作用的分析，也为更有效、更针对性地调控政策提供了扎实的理论基础和决策参考。

[参考文献]

耿中元、惠晓峰（2009）：《M1 和 M2 作为货币政策中介目标的适用性研究》，《统计研究》第 26 卷第 9 期，第 64-69 页。

侯成琪、龚六堂（2013）：《食品价格、核心通货膨胀与货币政策目标》,《经济研究》第 11 期,第 27-42 页。

侯成琪、龚六堂 (2014):《部门价格黏性的异质性与货币政策的传导》,《世界经济》第 7 期,第 23-44 页。

康立、龚六堂 (2014):《金融摩擦、银行净资产与国际经济危机传导——基于多部门 DSGE 模型分析》,《经济研究》第 5 期,第 147-159 页。

李连发、辛晓岱 (2012):《银行信贷,经济周期与货币政策调控:1984~2011》,《经济研究》第 3 期,第 102-114 页。

刘斌 (2008):《我国 DSGE 模型的开发及在货币政策分析中的应用》,《金融研究》第 10 期,第 1-21 页。

刘斌 (2009):《物价水平的财政决定理论与实证研究》,《金融研究》第 8 期,第 35-51 页。

马勇 (2015):《中国货币政策透明度的经验研究》,《世界经济》第 9 期,第 3-28 页。

王爱俭、王璟怡 (2014):《宏观审慎政策效应及其与货币政策关系研究》,《经济研究》第 49 卷第 4 期,第 17-31 页。

王佳、张金水 (2011):《外生冲击沿部门传导的作用机制和影响研究——基于中国七部门 DSGE 模型的数值模拟》,《数量经济技术经济研究》第 28 卷第 3 期,第 127-139 页。

鄢莉莉 (2012):《金融中介效率对货币政策效果的影响——基于动态随机一般均衡模型的研究》,《国际金融研究》第 6 期,第 4-11 页。

袁申国、陈平、刘兰凤 (2011):《汇率制度、金融加速器和经济波动》,《经济研究》第 1 期,第 57-70 页。

张勇 (2015):《热钱流入、外汇冲销与汇率干预——基于资本管制和央行资产负债表的 DSGE 分析》,《经济研究》第 7 期,第 116-130 页。

Adolfson, M., Laséen, S., Lindé, J. and Villani, M. (2007), "Bayesian Estimation of an Open Economy DSGE Model with Incomplete Pass-Through", *Journal of International Economics*, 72 (2), pp. 481-511.

Adolfson, M., Laséen, S., Lindé, J. and Svensson, L. E. O. (2014), "Monetary Policy Trade-Offs in an Estimated Open-Economy DSGE Model", *Journal of Economic Dynamics and Control*, (42), pp. 33-49.

Barsky, R. B., House, C. L. and Kimball, M. S. (2007), "Sticky-Price Models and Durable Goods", *American Economic Review*, 97 (3), pp. 984–998.

Barth Ⅲ, M. J. and Ramey, V. A. (2002), "The Cost Channel of Monetary Transmission", *NBER Macroeconomics Annual 2001*, (16), MIT Press, pp. 199–256.

Blinder, A. S. (1987), "Credit Rationing and Effective Supply Failures", *The Economic Journal*, 97 (386), pp. 327–352.

Bouakez, H., Cardia, E. and Ruge Murcia, F. J. (2009), "The Transmission of Monetary Policy in a Multisector Economy", *International Economic Review*, 50 (4), pp. 1243–1266.

Bouakez, H., Cardia, E. and Ruge-Murcia, F. J. (2011), "Durable Goods, Inter-Sectoral Linkages and Monetary Policy", *Journal of Economic Dynamics and Control*, 35 (5), pp. 730–745.

Bouakez, H., Cardia, E. and Ruge-Murcia, F. J. (2014), "Sectoral Price Rigidity and Aggregate Dynamics", *European Economic Review*, 65, pp. 1–22.

Calvo, G. A. (1983), "Staggered Prices in a Utility-Maximizing Framework", *Journal of Monetary Economics*, 12 (3), pp. 383–398.

Christiano, L. J. and Eichenbaum, M. (1992), "Liquidity Effects and the Monetary Transmission Mechanism", *American Economic Review*, 82 (2), pp. 346–353.

Christiano, L. J., Eichenbaum, M. and Evans, C. L. (1997), "Sticky Price and Limited Participation Models of Money: A Comparison", *European Economic Review*, 41 (6), pp. 1201–1249.

Christiano, L. J., Eichenbaum, M. and Evans, C. L. (2005), "Nominal Rigidities and the Dynamic Effects of a Shock to Monetary Policy", *Journal of Political Economy*, 113 (1), pp. 1–45.

Christiano, L. J., Motto, R. and Rostagno, M. (2014), "Risk Shocks", *The American Economic Review*, 104 (1), pp. 27–65.

Christoffel, K., Coenen, G. and Warne, A. (2008), "The New Area-

Wide Model of the Euro Area: A Micro-Founded Open-Economy Model for Forecasting and Policy Analysis", ECB Working Paper, 944.

Dedola, L. and Lippi, F. (2005), "The Monetary Transmission Mechanism: Evidence From the Industries of Five OECD Countries", *European Economic Review*, 49 (6), pp. 1543–1569.

Eusepi, S., Hobijn, B. and Tambalotti, A. (2011), "CONDI: A Cost-of-Nominal-Distortions Index", *American Economic Journal: Macroeconomics*, 3 (3), pp. 53–91.

Foerster, A. T., Sarte, P. G. and Watson, M. W. (2011), "Sectoral versus Aggregate Shocks: A Structural Factor Analysis of Industrial Production", *Journal of Political Economy*, 119 (1), pp. 1–38.

Gaiotti, E. and Secchi, A. (2006), "Is there a Cost Channel of Monetary Policy Transmission? An Investigation Into the Pricing Behavior of 2,000 Firms", *Journal of Money, Credit, and Banking*, 38 (8), pp. 2013–2037.

Horvath, M. (2000), "Sectoral Shocks and Aggregate Fluctuations", *Journal of Monetary Economics*, 45 (1), pp. 69–106.

Kydland, F. E. and Prescott, E. C. (1982), "Time to Build and Aggregate Fluctuations", *Econometrica*, 50 (6), pp. 1345–1370.

Long, J. B. Jr. and Plosser, C. I. (1983), "Real Business Cycles", *The Journal of Political Economy*, 91 (1), pp. 39–69.

Petrella, I. and Santoro, E. (2011), "Input – Output Interactions and Optimal Monetary Policy", *Journal of Economic Dynamics and Control*, 35 (11), pp. 1817–1830.

Ravenna, F. and Walsh, C. E. (2006), "Optimal Monetary Policy with the Cost Channel", *Journal of Monetary Economics*, 53 (2), pp. 199–216.

Rotemberg, J. J. (1982), "Sticky Prices in the United States", *The Journal of Political Economy*, 90 (6), pp. 1187–1211.

Sudo, N. (2012), "Sectoral Comovement, Monetary Policy Shocks, and Input – Output Structure", *Journal of Money, Credit and Banking*, 44 (6), pp. 1225–1244.

Tillmann, P. (2008), "Do Interest Rates Drive Inflation Dynamics? Analysis of the Cost Channel of Monetary Transmission", *Journal of Economic Dynamics & Control*, 32 (9), pp. 2723-2744.

Zhang, W. (2009), "China's Monetary Policy: Quantity Versus Price Rules", *Journal of Macroeconomics*, 31 (3), pp. 473-484.

附件1 完整模型

假设经济由家庭、企业和政府构成。家庭部门由 $[0, 1]$ 连续统计分布的单个家庭构成。生产部门由差异性的 j 个部门构成,每个部门的产品可以用作家庭消费、其他部门的中间品、其他部门的投资品。

1. 家庭

代表性家庭的效用由消费、持有实际货币余额和劳动构成,具体的效用函数如下:

$$E_\tau \sum_{t=\tau}^{\infty} \beta^{t-\tau} \left[\eta_{C,t} \log(C_t) + \phi_m \frac{(M_t/P_t)^{1-\varepsilon_m}}{1-\varepsilon_m} + \eta_t \log(1-N_t) \right] \quad (\text{附 } 1)$$

其中,C_t 满足:

$$C_t = \left[\sum_{j=1}^{J} (\xi^j)^{1/\zeta_C} (c_t^j)^{(\zeta_C-1)/\zeta_C} \right]^{\zeta_C/(\zeta_C-1)} \quad (\text{附 } 2)$$

其中,$\sum_{j=1}^{J} \xi^j = 1$。家庭消费的第 j 个部门的产品是由该部门内不同企业生产的差异性产品构成:

$$c_t^j = \left[\int_0^1 (c_t^{lj})^{(\theta-1)/\theta} dl \right]^{\theta/(\theta-1)} \quad (\text{附 } 3)$$

通过家庭的最优消费决策可以求出,代表性家庭对第 j 部门第 l 企业生产的产品的需求满足:

$$c_t^{lj} = \xi^j \left(\frac{p_t^{lj}}{p_t^j} \right)^{-\theta} \left(\frac{p_t^j}{P_t} \right)^{-\zeta_C} C_t \quad (\text{附 } 4)$$

其中,CPI 满足:

$$P_t = \left[\sum_{j=1}^{J} \xi^j (p_t^j)^{1-\zeta_C} \right]^{1/(1-\zeta_C)} \quad (\text{附 } 5)$$

其中：

$$p_t^j = \left[\int_0^1 (p_t^{lj})^{1-\theta} dl\right]^{1/(1-\theta)} \quad \text{（附6）}$$

设家庭的劳动总供给满足：$N_t = \left[\sum_{j=1}^{J} (n_t^j)^{(\zeta+1)/\zeta}\right]^{\zeta/(\zeta+1)}$，式中，$n_t^j = \int_0^1 n_t^{lj} dl$。

给定上述设定，代表性家庭每期的支出由消费、持有货币、购买债券和共同基金构成，收入由工资收入、上一期的货币、上一期的债券本息和共同基金收益、政府的一次性转移支付构成，从而家庭的预算约束可写为：

$$\sum_{j=1}^{J} \int_0^1 \left(\frac{p_t^{lj} c_t^{lj}}{P_t}\right) dl + b_t + m_t + \sum_{j=1}^{J} \int_0^1 \left(\frac{a_t^{lj} s_t^{lj}}{P_t}\right) dl$$

$$= \sum_{j=1}^{J} \int_0^1 \left(\frac{w_t^{lj} n_t^{lj}}{P_t}\right) dl + \frac{R_{t-1} b_{t-1}}{\pi_t} + \frac{m_{t-1}}{\pi_t} + \sum_{j=1}^{J} \int_0^1 \left(\frac{(d_t^{lj} + a_t^{lj}) s_{t-1}^{lj}}{P_t}\right) dl + \frac{Y_t}{P_t}$$

（附7）

给定家庭的预算约束，记预算约束的拉格朗日乘子为 Λ_t，最大化家庭的效用函数，可求得家庭对消费 C_t、劳动 n_t^{lj}、持有货币 M_t、债券 B_t、共同基金 s_t^{lj} 的最优决策的一阶条件如下：

$$\frac{\eta_{C,t}}{C_t} = \Lambda_t \quad \text{（附8）}$$

$$\frac{\eta_t}{1-N_t}\left(\frac{n_t^{lj}}{N_t}\right)^{1/\zeta} = \Lambda_t \frac{w_t^{lj}}{P_t} \quad \text{（附9）}$$

$$\phi_m m_t^{-\varepsilon_m} \frac{1}{P_t} = \frac{\Lambda_t}{P_t} - \beta E_t\left(\frac{\Lambda_{t+1}}{\pi_{t+1} P_t}\right) \quad \text{（附10）}$$

$$\Lambda_t = \beta E_t\left(\Lambda_{t+1} \frac{R_t}{\pi_{t+1}}\right) \quad \text{（附11）}$$

$$\Lambda_t = \beta E_t\left(\Lambda_{t+1} \frac{d_{t+1}^j + a_{t+1}^j}{a_t^j \pi_{t+1}}\right) \quad \text{（附12）}$$

2. 企业

设所有部门都是垄断竞争的，每个部门由 [0，1] 连续统分布的企业构成。设第 j 部门第 l 企业的生产函数为：

$$y_t^{lj} = (z_t^j n_t^{lj})^{\upsilon^j} (k_t^{lj})^{\alpha^j} (H_t^{lj})^{\gamma^j} \qquad (\text{附 13})$$

式中，y_t^{lj} 是企业的产出，z_t^j 是部门技术冲击，n_t^{lj} 是劳动投入，k_t^{lj} 是资本品。企业的生产技术是规模报酬不变的，即 $\upsilon^j + \alpha^j + \gamma^j = 1$。其中，投入的复合中间品为：

$$H_t^{lj} = \left[\sum_{i=1}^{J} (\zeta_{ij})^{1/\zeta_H} (h_{i,t}^{lj})^{(\zeta_H - 1)/\zeta_H} \right]^{\zeta_H/(\zeta_H - 1)} \qquad (\text{附 14})$$

式中，$h_{mi,t}^{lj}$ 是 j 部门的企业 l 使用的由 i 部门的企业 m 生产的产品：

$$h_{i,t}^{lj} = \left[\int_0^1 (h_{mi,t}^{lj})^{(\theta - 1)/\theta} dm \right]^{\theta/(\theta - 1)} \qquad (\text{附 15})$$

式中，$\sum_{j=1}^{J} \zeta_{ij} = 1$。可以求得复合中间品的复合价格为：

$$Q_t^{Hj} = \left[\sum_{i=1}^{J} \zeta_{ij} (p_t^i)^{1-\zeta_H} \right]^{1/(1-\zeta_H)} \qquad (\text{附 16})$$

假设企业自己持有资本，资本积累方程如下：

$$k_{t+1}^{lj} = (1-\delta) k_t^{lj} + X_t^{lj} \qquad (\text{附 17})$$

式中，δ 是折旧率，X_t^{lj} 是复合投资品，由不同部门的产品构成：

$$X_t^{lj} = \prod_{i=1}^{J} \kappa_{ij}^{-\kappa_{ij}} (x_{i,t}^{lj})^{\kappa_{ij}} \qquad (\text{附 18})$$

其中：

$$x_{i,t}^{lj} = \left[\int_0^1 (x_{mi,t}^{lj})^{(\theta - 1)/\theta} dm \right]^{\theta/(\theta - 1)} \qquad (\text{附 19})$$

式中，$\sum_{j=1}^{J} \kappa_{ij} = 1$。可以求得复合投资品的复合价格为：

$$Q_t^{Xj} = \prod_{i=1}^{J} (p_t^i)^{\kappa_{ij}} \qquad (\text{附 20})$$

企业在投资时面临如下调整成本：

$$\Gamma_t^{lj} = \Gamma(X_t^{lj}, k_t^{lj}) = \frac{\chi}{2}\left(\frac{X_t^{lj}}{k_t^{lj}} - \delta\right)^2 k_t^{lj} \qquad (附21)$$

式中，$\chi>0$ 是投资调整成本参数。我们在模型中引入 Rotemberg（1982）的价格黏性，设企业在调整价格时面临如下的调整成本：

$$\Phi_t^{lj} = \Phi(p_t^{lj}, p_{t-1}^{lj}) = \frac{\phi^j}{2}\left(\frac{p_t^{lj}}{\pi_{ss} p_{t-1}^{lj}} - 1\right)^2 \qquad (附22)$$

可以求得每期企业的分红满足：

$$\begin{aligned}
d_t^{lj} &= (1 - \Phi_t^{lj}) p_t^{lj}\left(c_t^{lj} + \sum_{i=1}^J \int_0^1 x_{lj,t}^{mi} dm + \sum_{i=1}^J \int_0^1 h_{lj,t}^{mi} dm\right) - \\
&\quad R_t^L w_t^{lj} n_t^{lj} - Q_t^{H^j} H_t^{lj} - Q_t^{X^j}(X_t^{lj} + \Gamma_t^{lj})\tau_t \\
&= (1 - \Phi_t^{lj}) p_t^{lj}\left(c_t^{lj} + \sum_{i=1}^J \int_0^1 x_{lj,t}^{mi} dm + \sum_{i=1}^J \int_0^1 h_{lj,t}^{mi} dm\right) - R_t^L w_t^{lj} n_t^{lj} - \\
&\quad \sum_{i=1}^J \int_0^1 p_t^{mi} h_{mi,t}^{lj} dm - \tau_t \sum_{i=1}^J \int_0^1 p_t^{mi} x_{mi,t}^{lj} dm - \tau_t \Gamma_t^{lj} Q_t^{X^j}
\end{aligned}$$

$$(附23)$$

式中，τ_t 是投资调整成本冲击。企业的目标是选择 $\{n_t^{lj}, x_{mi,t}^{lj}, h_{mi,t}^{lj}, k_{t+1}^{lj}, p_t^{lj}\}_{t=\tau}^\infty$ 来最大化其终身利润，并将利润以分红形式分给家庭（共同基金）：

$$E_\tau \sum_{t=\tau}^\infty \beta^{t-\tau}\left(\frac{\Lambda_\tau}{\Lambda_t}\right)\left(\frac{d_t^{lj}}{P_t}\right) \qquad (附24)$$

企业目标选择 $\{n_t^{lj}, x_{mi,t}^{lj}, h_{mi,t}^{lj}, k_{t+1}^{lj}, p_t^{lj}\}_{t=\tau}^\infty$ 来最大化利润。给定复合中间品、投资品的结构，易求得：

$$x_{lj,t}^{mi} = \kappa_{ji}(p_t^{lj}/p_t^j)^{-\theta}(p_t^j/Q_t^{X^i})^{-1} X_t^{mi} \qquad (附25)$$

$$h_{lj,t}^{mi} = \zeta_{ji}(p_t^{lj}/p_t^j)^{-\theta}(p_t^j/Q_t^{H^i})^{-\zeta_H} H_t^{mi} \qquad (附26)$$

易知：$\sum_{i=1}^{J}\int_{0}^{1}p_{t}^{mi}x_{mi,t}^{lj}dm = \sum_{i=1}^{J}p_{t}^{i}x_{i,t}^{lj} = Q_{t}^{Xj}X_{t}^{lj}$，$\sum_{i=1}^{J}\int_{0}^{1}p_{t}^{mi}h_{mi,t}^{lj}dm = \sum_{i=1}^{J}p_{t}^{i}h_{i,t}^{lj} = Q_{t}^{Hj}H_{t}^{lj}$。

记生产函数的拉格朗日乘子为 ψ_{t}^{j}，资本积累方程的拉格朗日乘子为 Ω_{t}^{j}。求解可得企业对 n_{t}^{lj}、H_{t}^{lj}、k_{t+1}^{lj}、X_{t}^{lj}、p_{t}^{lj} 的最优决策条件满足：

$$\frac{R_{t}^{L}w_{t}^{j}n_{t}^{lj}}{P_{t}} = \upsilon^{j}\psi_{t}^{j}y_{t}^{lj} \quad (\text{附}27)$$

$$P_{t}\gamma^{j}\psi_{t}^{j}y_{t}^{lj} = Q_{t}^{Hj}H_{t}^{lj} \quad (\text{附}28)$$

$$\alpha^{j}(P_{t+1}\psi_{t+1}^{j}y_{t+1}^{lj}) = E_{t}\left[\left(\frac{\Lambda_{t}}{\beta\Lambda_{t+1}}\right)\Omega_{t}^{j} - (1-\delta)\Omega_{t+1}^{j}\right]P_{t+1}k_{t+1}^{lj} +$$

$$E_{t}\left[Q_{t+1}^{Xj}k_{t+1}^{lj}\tau_{t+1}^{j}\left(\frac{\partial\Gamma_{t+1}^{j}}{\partial k_{t+1}^{lj}}\right)\right]$$

$$= E_{t}\left[\left(\frac{\Lambda_{t}}{\beta\Lambda_{t+1}}\right)\Omega_{t}^{j} - (1-\delta)\Omega_{t+1}^{j}\right]P_{t+1}k_{t+1}^{lj} +$$

$$E_{t}\left\{Q_{t+1}^{Xj}k_{t+1}^{lj}\tau_{t+1}^{j}\left[\frac{\chi}{2}\left(\frac{X_{t+1}^{lj}}{k_{t+1}^{lj}}-\delta\right)^{2} - \chi\left(\frac{X_{t+1}^{lj}}{k_{t+1}^{lj}}-\delta\right)\frac{X_{t+1}^{lj}}{k_{t+1}^{lj}}\right]\right\}$$

$$(\text{附}29)$$

$$\frac{1}{P_{t}}\tau_{t}^{j}\left[-Q_{t}^{Xj} - Q_{t}^{Xj}\chi\left(\frac{X_{t}^{lj}}{k_{t}^{lj}}-\delta\right)\right] + \Omega_{t}^{j} = 0 \quad (\text{附}30)$$

$$\frac{1}{P_{t}}\left[(1-\Phi_{t}^{lj})\left(D_{t}^{lj}-\theta\frac{D_{t}^{lj}p_{t}^{lj}}{p_{t}^{lj}}\right) - \phi^{j}\left(\frac{p_{t}^{lj}}{\pi_{ss}p_{t-1}^{lj}}-1\right)\frac{p_{t}^{lj}}{\pi_{ss}p_{t-1}^{lj}}D_{t}^{lj}\right] + \psi_{t}^{j}\frac{\theta D_{t}^{lj}}{p_{t}^{lj}} +$$

$$\beta E_{t}\left[\frac{\Lambda_{t+1}}{\Lambda_{t}P_{t+1}}\phi^{j}\left(\frac{p_{t+1}^{lj}}{\pi_{ss}p_{t}^{lj}}-1\right)\frac{(p_{t+1}^{lj})^{2}}{\pi_{ss}(p_{t}^{lj})^{2}}D_{t+1}^{lj}\right] = 0$$

$$(\text{附}31)$$

式中，$D_{t}^{lj} = c_{t}^{lj} + \sum_{i=1}^{J}\int_{0}^{1}x_{lj,t}^{mi}dm + \sum_{i=1}^{J}\int_{0}^{1}h_{lj,t}^{mi}dm$ 是企业面临的总需求。

3. 银行机构

金融中介采用以下方式将来自家庭的存款转化为企业生产所需要的贷款：

$$L_t = \gamma_B \cdot \varepsilon_t^B (GDP_t/GDP)^{\tau_B} B_t, \quad 0 < \gamma_B \leq 1 \qquad (附32)$$

假设金融市场是完全竞争结构，在均衡下金融中介的利润为0，从而有：

$$(R_t^L - 1) l_t = (R_t - 1) b_t \qquad (附33)$$

式中，$l_t = L_t/P_t$ 是实际贷款量。

4. 货币当局

货币当局采用货币政策来调控宏观经济。记货币供应量的增长率为 $\mu_t = M_t/M_{t-1}$。参考 Zhang (2009)，我们假设货币当局采用数量规则的货币政策来调控宏观经济：

$$\hat{\mu}_t = \rho_\mu \hat{\mu}_{t-1} - \rho_\pi \hat{\pi}_t - \rho_Y GDP_t^r + \varepsilon_t^\mu \qquad (附34)$$

式中，ε_t^R 是货币政策冲击。

5. 市场均衡与外生冲击

在市场均衡条件下，由于代表性家庭的决策都是相同的，因而代表性家庭持有的净个人债券为0，家庭购买的共同基金所投资的第j部门的股票都是1。对于单个部门内部，所有企业的决策都是一致的，从而有：$p_t^j = p_t^{lj}$，$c_t^j = c_t^{lj}$，$n_t^j = n_t^{lj}$，$d_t^j = d_t^{lj}$，$L_t^j = L_t^{lj}$。对于第j部门，市场均衡条件满足：

$$\frac{p_t^j}{P_t} y_t^j = \frac{p_t^j}{P_t} \left(c_t^j + \Gamma_{w,t}^j w_t^j n_t^j + \sum_{i=1}^{J} \int_0^1 x_{j,t}^{mi} dm + \sum_{i=1}^{J} \int_0^1 h_{j,t}^{mi} dm \right)$$

$$= \frac{p_t^j}{P_t} c_t^j + \sum_{i=1}^{J} \int_0^1 \frac{p_t^j}{P_t} x_{j,t}^{mi} dm + \sum_{i=1}^{J} \int_0^1 \frac{p_t^j}{P_t} h_{j,t}^{mi} dm \qquad (附35)$$

$$= \frac{p_t^j}{P_t} c_t^j + \sum_{i=1}^{J} \kappa_{ji} \frac{Q_t^{Xi}}{P_t} X_t^i + \sum_{i=1}^{J} \zeta_{ji} \frac{Q_t^{Hi}}{P_t} H_t^i$$

根据统计核算规则，可定义第j部门名义增加值为：

$$Y_t^j = p_t^j y_t^j - Q_t^{Hj} H_t^j = p_t^j \left(c_t^j + \sum_{i=1}^{J} x_{j,t}^i + \sum_{i=1}^{J} h_{j,t}^i \right) - Q_t^{Hj} H_t^j$$

$$= p_t^j c_t^j + \sum_{i=1}^{J} \kappa_{ji} Q_t^{Xi} X_t^i + \sum_{i=1}^{J} \zeta_{ji} Q_t^{Hi} H_t^i - Q_t^{Hj} H_t^j \qquad (附36)$$

从而定义全国的名义 GDP 为：

$$Y_t \equiv \sum_{j=1}^{J} Y_t^j = P_t C_t + \sum_{i=1}^{J} Q_t^{Xj} X_t^j +$$

$$\sum_{i=1}^{J} \left[\Gamma_t^j Q_t^{Xj} \tau_t^j + Q_t^{Xj} X_t^j (\tau_t^j - 1) + \Phi_t^j p_t^i \left(c_t^j + \sum_{i=1}^{J} x_{j,t}^i + \sum_{i=1}^{J} h_{j,t}^i \right) \right]$$

（附37）

全国实际 GDP：

$$Y_t^R \equiv \sum_{j=1}^{J} Y_t^j / p_t^j = \sum_{j=1}^{J} \left(y_t^j - \frac{Q_t^{Hj} H_t^j}{p_t^j} \right) \quad （附38）$$

此外，可定义社会平均实际工资水平为：

$$\frac{w_t}{P_t} = \left[\sum_{j=1}^{J} \left(\frac{w_t^j}{P_t} \right)^{\zeta+1} \right]^{1/(\zeta+1)} \quad （附39）$$

我们设所有的外生冲击满足 AR（1）过程：$\hat{\Theta}_t = \rho_\Theta \hat{\Theta}_{t-1} + \varepsilon_t^\Theta$，并将上述非线性模型在稳态值附近对数线性化，然后做进一步的分析。

附件2 稳态值计算

由企业一阶条件可得：

$$\frac{H^j}{n^j} = \frac{\gamma^j R^L w^j}{\upsilon^j Q^{Hj}} \quad （附40）$$

$$\frac{k^j}{n^j} = \frac{X^j}{\delta n^j} = \frac{\alpha^j R^L w^j}{[1/\beta - (1-\delta)] \upsilon^j Q^{Xj}} \quad （附41）$$

企业边际成本等于：

$$\psi^j = \left(\frac{R^L w^j}{\upsilon^j} \right)^{\upsilon^j} \left[\frac{[1/\beta - (1-\delta)] Q^{Xj}}{\alpha^j} \right]^{\alpha^j} \left(\frac{Q^{Hj}}{\gamma^j} \right)^{\gamma^j} = \frac{\theta-1}{\theta} p^j \quad （附42）$$

从而可得稳态下的工资水平：

$$w^j = \frac{1}{R^L}\left[\frac{\theta-1}{\theta}p^j\left(\frac{1}{\upsilon^j}\right)^{-\upsilon^j}\left[\frac{[1/\beta-(1-\delta)]Q^{X^j}}{\alpha^j}\right]^{-\alpha^j}\left(\frac{Q^{H^j}}{\gamma^j}\right)^{-\gamma^j}\right]^{1/\upsilon^j}$$ （附43）

从而就业水平为：

$$n^j = \frac{(\theta-1)\upsilon^j p^j y^j}{\theta R^L w^j}$$ （附44）

劳动市场均衡：将上式代入家庭的劳动供给决策方程，可得：

$$\frac{1}{1-N}\left(\frac{n^j}{N}\right)^{1/\zeta} = \frac{w^j}{PC}$$ （附45）

其中，$N = \left[\sum_{j=1}^{J}(n^j)^{(\zeta+1)/\zeta}\right]^{\zeta/(\zeta+1)}$，$P = \left[\sum_{j=1}^{J}\xi^j(p^j)^{1-\zeta_C}\right]^{1/(1-\zeta_C)}$。

$Q^{H^j} = \left[\sum_{i=1}^{J}\zeta_{ij}(p^i)^{1-\zeta_H}\right]^{1/(1-\zeta_H)}$。$Q^{X^j} = \prod_{i=1}^{J}(p^i)^{\kappa_{ij}}$。

由产品市场均衡可得：

$$\begin{aligned}
p^j y^j &= p^j c^j + \sum_{i=1}^{J} p^j x_j^i + \sum_{i=1}^{J} p^j h_j^i \\
&= p^j \xi^j \left(\frac{p^j}{P}\right)^{-\zeta_C} C + \sum_{i=1}^{J} p^j \kappa_{ji}\left(\frac{p^j}{Q^{X^i}}\right)^{-1} X^i + \sum_{i=1}^{J} p^j \zeta_{ji}\left(\frac{p^j}{Q^{H^i}}\right)^{-\zeta_H} H^i \\
&= p^j \xi^j \left(\frac{p^j}{P}\right)^{-\zeta_C} C + \sum_{i=1}^{J} \kappa_{ji} Q^{X^i} X^i + \sum_{i=1}^{J} \zeta_{ji}\left(\frac{p^j}{Q^{H^i}}\right)^{1-\zeta_H} Q^{H^i} H^i \\
&= p^j \xi^j \left(\frac{p^j}{P}\right)^{-\zeta_C} C + \sum_{i=1}^{J} \kappa_{ji} \frac{\theta-1}{\theta}\frac{\delta\alpha^i}{1/\beta-(1-\delta)}p^i y^i + \\
&\quad \sum_{i=1}^{J} \zeta_{ji}\left(\frac{p^j}{Q^{H^i}}\right)^{1-\zeta_H}\frac{\theta-1}{\theta}\gamma^i p^i y^i \\
&= p^j \xi^j \left(\frac{p^j}{P}\right)^{-\zeta_C} C + \sum_{i=1}^{J}\frac{\theta-1}{\theta}p^i y^i\left[\kappa_{ji}\frac{\delta\alpha^i}{1/\beta-(1-\delta)} + \left(\frac{p^j}{Q^{H^i}}\right)^{1-\zeta_H}\zeta_{ji}\gamma^i\right]
\end{aligned}$$

（附46）

由式（附44）可得：$p^j y^j = \frac{\theta}{(\theta-1)\upsilon^j}R^L w^j n^j$，代入式（附46）可得：

$$\frac{\theta}{(\theta-1)\upsilon^j}R^L w^j n^j = p^j \xi^j \left(\frac{p^j}{P}\right)^{-\zeta_C} C + \quad\quad\quad\quad\text{（附47）}$$

$$\sum_{i=1}^{J}\frac{R^L w^j n^{ji}}{\upsilon^j}\left[\kappa_{ji}\frac{\delta\alpha^i}{1/\beta-(1-\delta)}+\left(\frac{p^j}{Q^{Hi}}\right)^{1-\zeta_H}\zeta_{ji}\gamma^i\right]$$

设消费品价格指数为1，即

$$P = \left[\sum_{j=1}^{J}\xi^j (p^j)^{1-\zeta_C}\right]^{1/(1-\zeta_C)} = 1 \quad\quad\quad\text{（附48）}$$

由式（附45）、式（附47）、式（附48）可得共2×J+1个方程，从而可以求出2×J+1个稳态值：p^j、n^j、C。给定这些变量的稳态值，就可以求出模型中其他变量的稳态值。

附件3　模型的对数线性化

我们将模型在稳态值附近对数线性化，可得：

1. 家庭

由家庭消费结构可得：

$$\hat{C}_t = \frac{\sum_{j=1}^{J}[(\xi^j)^{1/\zeta_C}(c^j)^{(\zeta_C-1)/\zeta_C}\hat{c}_t^j]}{\sum_{j=1}^{J}(\xi^j)^{1/\zeta_C}(c^j)^{(\zeta_C-1)/\zeta_C}} \quad\quad\text{（附49）}$$

$$\hat{c}_t^j = \hat{C}_t + \zeta_C(\hat{P}_t - \hat{P}_t^j) \quad\quad\quad\text{（附50）}$$

由总劳动供给可得：

$$\hat{N}_t = \sum_{j=1}^{J}\left(\frac{n^j}{N}\right)^{(\zeta+1)/\zeta}\hat{n}_t^j \quad\quad\quad\text{（附51）}$$

由家庭决策的一阶条件可得：

$$-\hat{\eta}_{C,t}+\hat{C}_t = -\hat{\Lambda}_t \quad\quad\quad\text{（附52）}$$

$$\hat{\eta}_t + \frac{N}{(1-N)}\hat{N}_t + \frac{1}{\zeta}(\hat{n}_t^j - \hat{N}_t) = \hat{\Lambda}_t + \hat{w}_t^j - \hat{P}_t \quad\quad\text{（附53）}$$

$$\varepsilon_m \hat{m}_t = -\hat{\Lambda}_t - \frac{\beta}{1-\beta}\hat{R}_t \quad\quad\quad\text{（附54）}$$

$$\hat{\Lambda}_t = E_t(\hat{\Lambda}_{t+1} + \hat{R}_t - \hat{\pi}_{t+1}) \tag{附55}$$

$$\hat{\Lambda}_t + \hat{a}_t^j = E_t[\hat{\Lambda}_{t+1} - \hat{\pi}_{t+1} + (1-\beta)\hat{d}_{t+1}^j + \beta\,\hat{a}_{t+1}^j] \tag{附56}$$

2. 企业

由生产函数 [即式（附3）] 可得：

$$\hat{Y}_t^j = \upsilon^j(\hat{z}_t^j + \hat{n}_t^j) + \alpha^j \hat{k}_t^j + \gamma^j \hat{H}_t^j \tag{附57}$$

其中，复合中间品满足：

$$\hat{H}_t^j = \frac{\sum_{j=1}^{J}[(\zeta_{ij})^{1/\zeta_H}(h_i^j)^{(\zeta_H-1)/\zeta_H}\hat{h}_{i,t}^j]}{\sum_{j=1}^{J}(\zeta_{ij})^{1/\zeta_H}(h_i^j)^{(\zeta_H-1)/\zeta_H}} \tag{附58}$$

对应价格：

$$\hat{Q}_t^{Hj} = \frac{\sum_{j=1}^{J}[\zeta_{ij}(p^i)^{1-\zeta_H}\hat{p}_t^i]}{\sum_{j=1}^{J}\zeta_{ij}(p^i)^{1-\zeta_H}} \tag{附59}$$

由资本积累方程（4）[即式（附4）] 可得：

$$\hat{k}_{t+1}^j = (1-\delta)\hat{k}_t^j + \delta\hat{X}_t^j = (1-\delta)\hat{k}_t^j + \delta\sum_{i=1}^{J}\kappa_{ij}\hat{x}_{i,t}^j \tag{附60}$$

由企业决策的一阶条件可得：

$$\hat{R}_t^L + \hat{w}_t^j - \hat{P}_t + \hat{n}_t^j = \hat{\psi}_t^j + \hat{y}_t^j \tag{附61}$$

$$\hat{Q}_t^{Hj} - \hat{P}_t + \hat{H}_t^j = \hat{\psi}_t^j + \hat{y}_t^j \tag{附62}$$

$$E_t(\hat{\psi}_{t+1}^j + \hat{y}_{t+1}^j) = \frac{1}{1-\beta(1-\delta)}E_t[\hat{\Lambda}_t - \hat{\Lambda}_{t+1} + \hat{\Omega}_t^j - \beta(1-\delta)\hat{\Omega}_{t+1}^j] +$$

$$\hat{k}_{t+1}^j - \frac{Q^{Xj}\chi\delta X^j}{\alpha^j \psi^j P y^j}E_t(\hat{X}_{t+1}^j - \hat{k}_{t+1}^j) \tag{附63}$$

$$\hat{Q}_t^{Xj} - \hat{P}_t + \chi\delta(\hat{X}_t^j - \hat{k}_t^j) + \hat{\tau}_t^j = \hat{\Omega}_t^j \tag{附64}$$

$$E_t\hat{\pi}_{t+1}^j = \frac{1}{\beta}\hat{\pi}_t^j - \frac{\theta-1}{\beta\phi^j}(\hat{\psi}_t^j+\hat{P}_t-\hat{p}_t^j) \qquad (附65)$$

其中，$\hat{\pi}_t^j = \hat{p}_t^j - \hat{p}_{t-1}^j$。

3. 金融中介

$$\frac{R^L}{R^L-1}\hat{R}_t^L = \frac{1}{1-\beta}\hat{R}_t - (\hat{\varepsilon}_t^B + \tau_B GDP_t^r) \qquad (附66)$$

4. 政府

货币当局：

$$\hat{\mu}_t = \rho_\mu\hat{\mu}_{t-1} - \rho_\pi\hat{\pi}_t - \rho_Y GDP_t^r + \varepsilon_t^\mu \qquad (附67)$$

5. 市场均衡

可式（10）得：

$$\hat{p}_t^j - \hat{P}_t + \hat{y}_t^j = \frac{c^j}{y^j}(\hat{p}_t^j - \hat{P}_t + \hat{c}_t^j) + \sum_{i=1}^{J}\frac{\kappa_{ji}Q^{X^i}X^i}{p^j y^j}(\hat{Q}_t^{X^i} - \hat{P}_t + \hat{X}_t^i) +$$

$$\sum_{i=1}^{J}\zeta_{ji}\frac{P}{y^j}\left(\frac{p^j}{Q^{H^i}}\right)^{-\zeta_H}H^i[\zeta_H(\hat{Q}_t^{H^i} - \hat{p}_t^j) + \hat{p}_t^j - \hat{P}_t + \hat{H}_t^i]$$

$$(附68)$$

各部门名义产出（增加值）：

$$\hat{Y}_t^j = \frac{p^j y^j}{Y^j}(\hat{p}_t^j+\hat{y}_t^j) - \frac{Q^{Hj}H^j}{Y^j}(\hat{Q}_t^{Hj}+\hat{H}_t^j) \qquad (附69)$$

$$\hat{Y}_t = \sum_{j=1}^{J}\frac{Y^j}{Y}\hat{Y}_t^j \qquad (附70)$$

我们将加总价格 P_t 定义为标准，将各名义变量（各部门产品价格、复合中间品价格指数、复合投资品价格指数、名义工资）转化为实际变量：$\Theta_t = \Theta_t^n/P_t$。设外生冲击服从 AR（1）过程。

附件4 稳健性检验

1. 投资矩阵的稳健性检验

关于中国的投资矩阵，很少有学者进行专门的研究，而且也没有较公认的研究结果。为了模型估计结果的稳健，我们也参考美国的数据对上述投资矩阵做校准。Bouakez 等（2009）估计得到美国的六部门（农业、采矿业、建筑业、耐用品业、非耐用品业、服务业）投资矩阵中，99%以上的投资品主要由建筑业、耐用品业和服务业提供，其中服务业产品占 10%~24%（除了在采矿业中的比重较低，为 4.7%），比重较高。因此，我们仍然假设建筑安装工程由建筑业提供，但设备工器具购置由工业提供，其他费用由其他服务业提供，测算得到的投资矩阵如附表1所示。其他参数不变，贝叶斯估计结果如附表2所示。可以看出，估计结果没有发生大的变化，表明模型的估计结果是稳健的。

附表1 投资品来自工业、建筑业和服务业下的投资矩阵 $\{\kappa_{ij}\}$

行业	农业	工业	建筑业	交通仓储	批发零售	住宿餐饮	房地产	其他服务业
农业	0	0	0	0	0	0	0	0
工业	0.137	0.407	0.166	0.135	0.143	0.123	0.015	0.116
建筑业	0.617	0.492	0.733	0.715	0.708	0.737	0.713	0.712
交通仓储	0	0	0	0	0	0	0	0
批发零售	0	0	0	0	0	0	0	0
住宿餐饮	0	0	0	0	0	0	0	0
房地产	0	0	0	0	0	0	0	0
其他服务业	0.246	0.101	0.102	0.150	0.149	0.139	0.272	0.173

附表 2　新投资矩阵下的参数估计结果

参数	均值	标准差	参数	均值	标准差	参数	均值	标准差
χ	29.565	4.550	$\rho_{\eta C}$	0.600	0.090	$\sigma_{\eta C}$	0.016	0.001
ρ_π	1.249	0.137	ρ_τ	0.600	0.083	σ_τ	0.048	0.006
ρ_Y	0.163	0.047	$\rho_{\varepsilon B}$	0.790	0.061	$\sigma_{\varepsilon B}$	0.292	0.023
ϖ^1	0.396	0.113	ρ_{z1}	0.363	0.129	σ_{z1}	0.079	0.019
ϖ^2	0.378	0.056	ρ_{z2}	0.391	0.095	σ_{z2}	0.121	0.020
ϖ^3	0.129	0.063	ρ_{z3}	0.461	0.104	σ_{z3}	0.390	0.045
ϖ^4	0.447	0.141	ρ_{z4}	0.268	0.165	σ_{z4}	0.241	0.067
ϖ^5	0.280	0.105	ρ_{z5}	0.305	0.113	σ_{z5}	0.448	0.054
ϖ^6	0.145	0.077	ρ_{z6}	0.213	0.095	σ_{z6}	0.249	0.037
ϖ^7	0.324	0.178	ρ_{z7}	0.482	0.135	σ_{z7}	0.411	0.093
ϖ^8	0.362	0.088	ρ_{z8}	0.279	0.113	σ_{z8}	0.099	0.019
ρ_μ	0.367	0.103	σ_μ	0.018	0.001	τ_B	1.367	0.560

2. 观测变量选择 M2

中国从 1996 年开始将货币供应量作为货币政策的中介目标,从 1998 年开始每年公布 M1、M2 的总量调整目标,但自 2007 年以后只提 M2 的总量调控目标。不过耿中元和惠晓峰（2009）等经过研究认为,M1 与货币政策最终目标的相关性优于 M2,更适合作为货币政策中介目标,因此本附录选择 M1 增速来度量。不过我们也用 M2 增速来度量,贝叶斯估计结果如附表 3 所示,可以看出参数估计结果没有发生大的变化,这也表明本附录估计结果是稳健的。

附表 3　观测变量选 M2 下的贝叶斯估计结果

参数	均值	标准差	参数	均值	标准差	参数	均值	标准差
χ	29.037	4.758	$\rho_{\eta C}$	0.614	0.087	$\sigma_{\eta C}$	0.015	0.001
ρ_π	1.069	0.126	ρ_τ	0.584	0.079	σ_τ	0.049	0.006
ρ_Y	0.143	0.042	$\rho_{\varepsilon B}$	0.795	0.061	$\sigma_{\varepsilon B}$	0.293	0.023
ϖ^1	0.337	0.114	ρ_{Z1}	0.377	0.125	σ_{Z1}	0.066	0.017

续表

参数	均值	标准差	参数	均值	标准差	参数	均值	标准差
ϖ^2	0.367	0.055	ρ_{Z2}	0.459	0.094	σ_{Z2}	0.120	0.019
ϖ^3	0.140	0.061	ρ_{Z3}	0.423	0.102	σ_{Z3}	0.414	0.043
ϖ^4	0.354	0.128	ρ_{Z4}	0.355	0.147	σ_{Z4}	0.181	0.051
ϖ^5	0.195	0.104	ρ_{Z5}	0.364	0.113	σ_{Z5}	0.356	0.054
ϖ^6	0.140	0.076	ρ_{Z6}	0.186	0.094	σ_{Z6}	0.250	0.036
ϖ^7	0.381	0.174	ρ_{Z7}	0.462	0.129	σ_{Z7}	0.477	0.086
ϖ^8	0.381	0.086	ρ_{Z8}	0.282	0.114	σ_{Z8}	0.100	0.021
ρ_μ	0.112	0.060	σ_μ	0.013	0.001	τ_B	1.360	0.557

3. 货币政策规则选择利率规则

有些研究设货币政策是采用泰勒规则的利率政策,本附录也参考袁申国等(2011)的研究,设货币政策为如式(附71)所示:

$$\hat{R}_t = \rho_\mu \hat{R}_{t-1} + \rho_\pi \hat{\pi}_t + \rho_Y GDP_t^r + \rho_M \hat{\mu}_t \varepsilon_t^\mu \qquad (附71)$$

设其中 ρ_π、ρ_Y、ρ_M 的先验分布分别是 Gamma(1.5, 0.2)、Gamma(0.5, 0.2)、Gamma(0.7, 0.2),最后估计得到的参数结果如附表4所示。可以看出,参数估计结果没有发生大的变化,再次表明本附录估计结果是稳健的。

附表4 利率规则的贝叶斯估计结果

参数	均值	标准差	参数	均值	标准差	参数	均值	标准差
X	29.292	4.389	$\rho_{\eta c}$	0.546	0.096	$\sigma_{\eta c}$	0.017	0.001
ρ_π	1.537	0.180	ρ_τ	0.556	0.095	σ_τ	0.047	0.006
ρ_Y	0.265	0.081	$\rho_{\varepsilon B}$	0.785	0.060	$\sigma_{\varepsilon B}$	0.299	0.023
ϖ^1	0.367	0.109	ρ_{z1}	0.347	0.123	σ_{z1}	0.073	0.016
ϖ^2	0.355	0.054	ρ_{z2}	0.432	0.097	σ_{z2}	0.116	0.018
ϖ^3	0.120	0.058	ρ_{z3}	0.449	0.102	σ_{z3}	0.389	0.042
ϖ^4	0.451	0.137	ρ_{z4}	0.269	0.166	σ_{z4}	0.248	0.066

附录 | 投入产出结构、行业异质性与中国经济波动

续表

参数	均值	标准差	参数	均值	标准差	参数	均值	标准差
ϖ^5	0.203	0.104	ρ_{z5}	0.355	0.112	σ_{z5}	0.370	0.053
ϖ^6	0.138	0.078	ρ_{z6}	0.166	0.092	σ_{z6}	0.239	0.037
ϖ^7	0.355	0.158	ρ_{z7}	0.483	0.117	σ_{z7}	0.460	0.070
ϖ^8	0.348	0.088	ρ_{z18}	0.277	0.127	σ_{z8}	0.092	0.021
ρ_μ	0.671	0.188	σ_μ	0.016	0.002	τ_B	1.268	0.51

4. 工业部门产品通货膨胀率的测算与比较

各部门价格黏性的测算是本附录研究的重点之一，为保证估计结果尽可能准确，我们选取了各部门产品的通货膨胀率作为观测变量。然而，官方只公布了工业出厂价格指数，没有公布其他行业的数据。考虑到数据的可获得性，我们采用各部门的平减指数来刻画 PPI：先测算各部门的实际增加值（方法同实际 GDP），然后用名义增加值除以实际增加值来计算 PPI。在做贝叶斯估计前，我们将所有数据做季度调整后，取对数，并做 HP 滤波求得其偏离稳态值的比率。附图 1 显示了经数据处理后本附录估算得到的工业部门 PPI 与官方工业出厂价格指数，从图中可以看出，估算的指数较好地拟合了官方数据，表明本附录采用的对各部门 PPI 的测算方法是合理的。

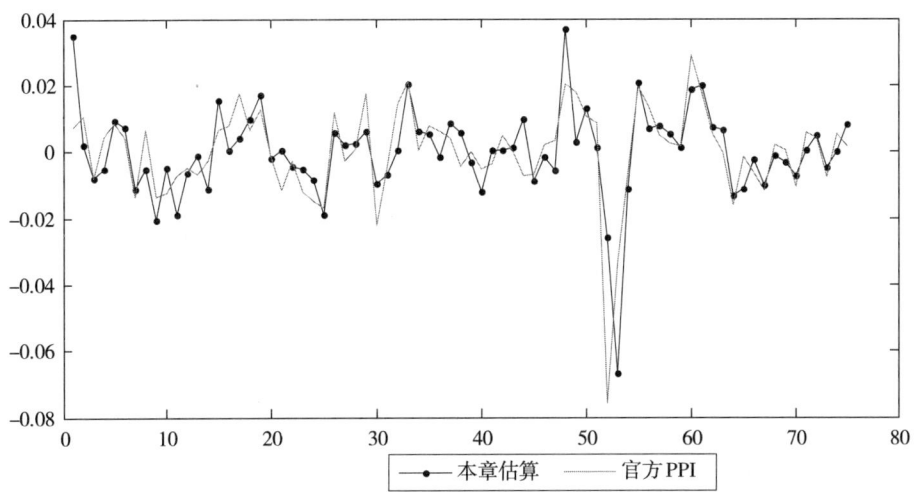

附图 1 工业部门出厂价格指数的比较

后 记

本书是在笔者主持的自然科学基金青年项目"中国能源消费周期波动研究"（项目批准号：71203233）基础上形成的专著。研究项目由笔者负责总体设计，本书各章由各位作者分别完成，最后由笔者统稿。具体章节作者如下：第一章：吴利学；第二章：王蕾、吴利学；第三章：李玉婷、孟翡、刘祥艳；第四章：李玉婷、刘祥艳；第五章：张希栋、李玉婷、张鑫；附录：鄢莉莉、吴利学。此外，吴利学在本项目支持下进行了一些关于多部门增长模型稳态性质等相关研究，白玫研究员在本项目支持下完成了部分能源体制改革研究，裴庆兵完成了博士学位论文《中国能源安全总体评价与区域、产业特征》，李玉婷完成了博士学位论文《中国能源效率与政策选择——基于能源消费主体行为的研究》。

本书的大部分章节都曾经在期刊发表（已在书中注明），在此我们也感谢各期刊、编辑和审稿人对文章的贡献。在出版过程中，编辑的出色工作也为本书增色颇多，我们也谨此致谢。不当之处，还望方家指正。

吴利学

2018 年 3 月